高校体育教学管理研究

廖民玲 著

吉林摄影出版社
·长春·

图书在版编目（CIP）数据

高校体育教学管理研究 / 廖民玲著. —— 长春：吉林摄影出版社，2023.12

ISBN 978-7-5498-6068-5

Ⅰ.①高… Ⅱ.①廖… Ⅲ.①高等学校－体育教学－教学管理－研究 Ⅳ.①G807.4

中国国家版本馆CIP数据核字(2023)第256350号

高校体育教学管理研究
GAOXIAO TIYU JIAOXUE GUANLI YANJIU

著　　者	廖民玲
出 版 人	车　强
责任编辑	李　冰
封面设计	文　亮
开　　本	787毫米×1092毫米　1/16
字　　数	220千字
印　　张	10.25
版　　次	2023年12月第1版
印　　次	2023年12月第1次印刷
出　　版	吉林摄影出版社
发　　行	吉林摄影出版社
地　　址	长春市净月高新技术开发区福祉大路5788号
	邮编：130118
网　　址	www.jlsycbs.net
电　　话	总编办：0431-81629821
	发行科：0431-81629829
印　　刷	河北创联印刷有限公司
书　　号	ISBN 978-7-5498-6068-5　　　　定　价：56.00元

版权所有　　侵权必究

前　言

随着社会经济的快速发展和高等教育的不断创新，世界各国的体育教育也呈现出蓬勃发展的态势。我国高校陈旧的体育教学模式已经不能适应现有的高校规模和教育体系，高校体育教学模式改革已成为一项紧迫而重要的教育改革任务。特别是近年来，高校体育教学改革虽然取得了一些成绩，但也存在不少问题。要解决这个问题，就需要重新认识和定位大学体育课程。必须树立正确的教育改革观和全面育人观，用学以致用的教育观来探讨教学改革的合理性和科学性，用实践检验变革的必要性，提高学生的创造性思维，引导他们面对和适应大学体育教学中的实际问题。

本书主要研究高校体育教学管理方面的问题，涉及丰富的体育教学管理知识。主要内容包括高校体育教学管理的基础知识、体育教学活动、资源、主体管理、高校体育教学模式与改革思路等。本书是笔者长期从事体育教学和实践的结晶。本书在内容选取上既兼顾知识的系统性，又考虑可接受性，同时强调教学管理的应用性。本书涉及面广、技术新、实用性强，使读者能理论结合实践，在获得知识的同时掌握技能，理论与实践并重，并强调理论与实践相结合。本书兼具理论与实际应用价值，可供相关教育工作者参考和借鉴。

由于笔者水平有限，本书难免存在不妥甚至谬误之处，敬请广大学界同仁与读者朋友批评指正。

目 录

第一章 高校体育教学管理概述 ·· 1
 第一节 高校体育教学管理构成与原理 ······························ 1
 第二节 高校体育教学管理的方法 ·································· 16
 第三节 高校体育教学管理的组织机构 ······························ 20

第二章 高校体育教学管理自身现状 ···································· 28
 第一节 从现代性文化到体育教学研究 ······························ 28
 第二节 体育教学的软硬件设施现状 ································ 32

第三章 高校体育教学活动管理 ·· 36
 第一节 高校体育课堂教学管理 ···································· 36
 第二节 高校课外体育活动管理 ···································· 48
 第三节 高校课余体育训练与竞赛管理 ······························ 52

第四章 高校体育教学资源管理 ·· 63
 第一节 高校体育教学人力资源管理 ································ 63
 第二节 高校体育教学物力资源管理 ································ 72
 第三节 高校体育教学财力资源管理 ································ 81

第五章 高校体育教学主体管理 ·· 90
 第一节 体育教师管理 ·· 90
 第二节 教学对象管理 ·· 99
 第三节 师生关系研究 ·· 108

第六章 高校体育教学课程理论 ·· 114
 第一节 体育教学课程基本理论 ···································· 114

第二节　高校体育课程设置的基础……………………………………… 121

   第三节　体育课程资源的开发与利用……………………………………… 129

第七章　高校体育教学模式的探索………………………………………… 137

   第一节　快乐体育教学模式……………………………………………… 137

   第二节　合作学习体育教学模式………………………………………… 141

   第三节　俱乐部体育教学模式…………………………………………… 143

   第四节　学生导师制高校体育教学模式………………………………… 147

   第五节　"互联网+"教学多元融合型大学体育教学模式……………… 151

参考文献……………………………………………………………………… 155

第一章 高校体育教学管理概述

研究高校体育教学管理理论，有助于提高对高校体育教学管理的总体认知，并对高校体育教学管理实践提供科学的理论指导，不断促进高校体育教学管理的科学化。本章主要就高校体育教学管理的构成与原理、高校体育教学管理的方法，以及高校体育教学管理的组织机构进行了详细分析，以为构建高校体育教学管理科学理论体系奠定良好的知识基础，也为高校体育教学管理实践提供必要的理论指导。

第一节 高校体育教学管理构成与原理

一、体育管理的概念

体育教学管理是一项系统的、综合性的工作，是具有一定的管理权力的组织和个人对体育教学的人、财、物、信息和时间等方面进行的综合性的管理。具体而言，体育教学管理包括控制、监督、组织、协调、计划等方面。

高校体育教学管理是一个系统的过程，并且其工作内容也涵盖了体育事业的各个方面。体育教学管理是一项综合性的活动，其各个子系统与体育管理总目标保持着一定的一致性。在体育教学管理过程中，各个系统之间是相互影响、相互制约的关系，共同促进了体育教学管理总体目标的实现。

在学校体育教学管理的不同阶段，计划是对学校体育工作的设计与决定；实施是将学校体育组织或部门中的人、财、物、事加以组合去执行计划，是学校体育教学管理过程的中心环节；检查是对学校体育计划的执行状况进行监督和检查；总结是对一个阶段内的学校体育工作的分析和研究，它既是对前一阶段计划、实施、检查的分析与评价，又是下一阶段管理活动的依据和基础。学校体育教学管理过程的四个阶段之间既具有紧密的连续性，又是相对独立的，它们之间相互联系、相互促进，并按照基本固定的次序，形成一个闭合的、有反馈回路的循环系统，即一个完整的学校体育教学管理周期。

二、体育教学管理系统的构成

学校作为一个管理系统,其各项体育工作的进行离不开各部门的相互配合,这些部门协同合作才能组成一个运转正常、高效的管理系统。学校体育管理系统主要包括学校体育运动委员会、院系体育运动分会、体育教学部、学生体育部、校医务室、校学生体育协会、院系学生会体育部等。这里简单介绍以下几种:

(一)学校体育运动委员会

学校体育运动委员会负责主持全校体育工作。体育教学部、学生工作处、院系负责学生工作的负责人和医务室校医等人员构成学校体育运动委员会的成员。学校体育运动委员会在各院系下设体育运动分会,分会领导由院系负责学生工作的领导担任,并由专人负责。

学校体育运动委员会的主要管理职责是定期召开全校体育工作会议。研究体育工作,制订年度体育计划,并对上述工作进行督促、检查、落实。在管理权限方面,学校体育运动委员设成体育教学部执行全校各项体育工作任务,并要求各院系体育运动分会积极开展本院系学生的体育活动。学生工作处及下属学生会体育部积极配合体育教学部和各院系体育运动分会开展各项体育活动。

(二)院系体育运动分会

院系体育运动分会是学校体育运动委员会的下属管理机构,它直接受学校体育运动委员会的领导。它可以使院系学生体育部的作用得到充分发挥,并充分调动学生参与体育活动的积极性。

院系体育运动分会的主要管理职责是通过对本院系特点的分析与考虑,在本院系开展体育工作。同时,负责的工作多样,完成学校制订的年度体育工作计划,还要做到年初有计划、年中有项目、年末有总结,执行有措施、完成有成果。

院系体育运动分会可以参加全校体育活动,也可以在院系之间、年级之间、专业之间或者班级之间开展各种体育活动。

(三)体育教学部

学校体育教学部是学校专门从事体育工作的管理部门,由分管体育工作的校领导直接领导。学校体育教学部是学校体育运动委员会的参谋部,也是落实学校体育运动委员会年度工作计划的执行部。

1. 体育教学部的领导构成

一个部门的领导班子一般情况下是历史自然形成的,也有在特殊情况下组成的。各学校可以结合自身情况选择具体的领导构成,一般来说,体育教学部应设置主任1

人、党支部书记1人，副主任根据需要配备，实行主任负责制，第一责任人是教学部主任。体育教学部的领导应注意合理搭配，以发挥领导团体的最佳功能，具体来说，应该突现出以下特点：

（1）年龄方面：老中青搭配，使领导班子里既有丰富的经验又保持优良的传统，还具有朝气蓬勃的青春活力和新时代的气息，后继有人。

（2）性别方面：在充分考虑体育师资队伍的现状和工作需要的基础上进行性别搭配。

（3）知识结构方面：领导班子成员最好毕业于不同的学校，这样领导具有多元化的知识结构，从而使应付复杂的工作更加容易，小团体行为得到杜绝。

（4）体育项目方面：领导班子成员最好来自不同的体育项目，这样有利于从各个不同的角度研究问题，达到集思广益的效果。

（5）个人素质方面：领导班子成员能认真学习掌握各级文件精神，政策观念强；能准确掌握上级的精神实质，坚定不移地执行上级指示，能跟踪体育课程教学管理信息，调整改革思路，完善工作方法；能保持继续学习的习惯，随时掌握新的知识和技术，提高宏观指导的能力；灵活性强，能具体情况具体分析；善于和各种不同类型的人打交道，特别是善于和曾经反对过自己而被实践证明反对错了的人打交道。

（6）团体构成方面：主要负责人应德高望重，有能服众的知识水平；有保持前进方向的政策水平；有把握改革成功的坚强实力等，其他成员各负其责、鼎力相助，党政同心协力，从而共同完成工作任务。

2.体育教学部的内设机构

（1）体育教学部下设办公室：体育教学部设主任1人、副主任多人，各分管一部分工作，日常事务由办公室负责。体育教师数量少的学校适合采用这种形式。

（2）体育教学部下设教研室：体育教学部下设课堂教学教研室、群体活动教研室、训练竞赛教研室，甚至还可按项目分类、按教学的年级分组等。设教研室，教师可以按各自从事的工作划归相应的教研室，工作专业，针对性强，便于教研室内部进行教学研究。体育教师数较多的学校适合采用这种组织机构方式。

3.体育教学部的师资结构

体育教师是体育教学部的重要成员，所从事的工作呈多元化，业务分割，人员不分割，对体育教师的要求是业务全面、一专多能，能满足学校各项体育工作的需要，一般是呈梯次、互补、实用型的复合结构，主要考虑的因素有年龄、性别、项目、知识、职称等。

（1）年龄方面：最好由老、中、青年的教师构成，年龄呈梯队层次。

（2）性别方面：教师性别比率与学生性别比率应保持基本相等。

（3）项目方面：教师队伍中有田径、体操、篮球、排球、乒乓球、足球、羽毛球、健美操、体育舞蹈、传统武术、跆拳道、散打、游泳等多个体育项目的专业人员。

（4）知识方面：教师从不同的院校毕业，知识结构呈互补型。

（5）职称方面：合理的师资队伍构成应是助教、讲师、副教授、正教授等多种职称人才，并搭配合理。

4.体育教学部的管理内容

根据工作性质，体育教学部的业务范围大致可分为课堂教学管理、群体活动管理、训练竞赛管理、体育科研管理及保障以上四项工作顺利展开的体育场地器材管理，具体如下：

（1）课堂教学管理

课堂教学管理是学校体育管理工作的中心。课堂教学一般在正课时间进行，能够充分保证安排时间、师资、场地、器材。在课堂教学中，集中教学是主要采用的形式，通过这种形式的教学，学生的身体教育更加科学系统，学生也能够掌握几项体育锻炼手段，总之通过课堂教学，使学生更加热爱体育运动、积极参加体育活动，使学生的身心得到健康发展。

（2）群体活动管理

群体活动管理是学校体育管理工作的主要组成部分，是课堂教学的延伸和发展，其主要表现形式为早操、课间操和课外体育活动。长期的思考问题，学生的大脑会感到疲劳，通过群体活动的合理分布以及脑力与体力活动的交叉搭配，这种疲劳就会得到有效缓解。经常参加群体活动，通过体育锻炼，学生可以获得健壮的体魄和旺盛的精力，从而为紧张而繁重学业的完成奠定基础。通过参加群体活动，学生也可以完成课堂教学布置的作业，掌握课堂教学传授的知识，同时，可以养成经常参加体育锻炼的良好习惯。

（3）训练竞赛管理

良好的训练竞赛管理可以提高学生的运动技术水平。训练竞赛是指学校对少数有体育特长的学生进行科学的训练。学生在训练竞赛中取得优异成绩，可以为学校获得较高的知名度，并以此激励普通学生参加体育锻炼，最终达到全体学生健身的目的。

（4）体育科研管理

体育科研管理是学校体育工作可持续发展的良性循环链中不可或缺的重要一环。体育科研是体育教师的一项基础工作，对提升体育教师知识层次和完善体育教师知识结构有着重要作用，书写体育科学论文、完成体育科研课题、编纂体育教材和撰写专著等是体育科研的主要表现形式，通过利用多学科知识对体育活动和运动规律进行深入的研究探讨，学校体育课程教学可以更加合理和完善，从而实现学生、教师、学校和社会的共同发展。

（5）体育场地器材管理

体育场地器材管理是学校体育工作完成的保证。在学校各部门中，体育运动场馆、器材是学校"形象工程"的重要部分。体育场地和器材涉及学生能否在进行体育锻炼时保证卫生和安全，体育场地器材后勤保障时效性强，这些都是体育场地器材的管理呈现出的特点。总的来说，体育场地器材的管理应力争做到体育场地器材美观、及时、安全、卫生、实用、耐久。

（四）学生体育部

学生体育部是学校体育活动的生力军，学生体育部的工作应该接受学生工作处、学生会的领导，由体育教学部进行指导。学校体育部的主要管理职责是协助体育教学部完成学校各项体育工作，在体育教学部的指导下，开展学生感兴趣的、健康的、丰富多彩的课外活动，丰富学生的业余文化生活。

1.学生体育部的成员结构

学生体育部每年都需要换届，但任何一届学生体育部的成员构成都应该保证体育工作的延续性。满足学生工作处工作的需要和体育教学部工作的需求。学生体育部在成员构成方面应满足以下特点：

（1）年龄方面：呈阶梯状，这是从可持续发展方面进行的考虑。

（2）性别方面：充分考虑男女性别的搭配，尤其是女生多的学校，性别搭配更应具有合理性，这样在体育活动中才能充分考虑女生的需要。

（3）项目方面：学生体育部的构成要充分考虑各项体育活动的开展，不能局限于某一两个运动项目。

（4）主体构成：以老一届学生体育部为主，以便对新一届学生体育干部起到传、帮、带的作用。同时广泛吸收体育活动积极分子，学生体育部新成员应该热爱体育运动，积极参加体育运动，并有一定的体育运动和组织能力。

2.学生体育干部的工作内容

学生体育干部包括校学生会体育部干部、院系学生会体育部干部、年级体育干事、班体育委员四个层次。各分部门的工作具体可以分为以下四部分：

（1）对各院系学生体育部工作进行指导、督促、协调

全校学生体育部负责对各院系学生体育部进行指导、督促和协调是学生体育部的责任。指导的范围包括年初有计划、有项目，年中有措施、有检查，年末有总结。校学生会体育部在时间、场地、器材的占用上要配合体育教学部协调好各院系学生会体育部的工作。

各院系学生体育部在校学生体育部的指导下，搞好本院系的各项体育活动，包括

本院系自己组织的体育活动、参加学校组织的各项体育活动、与其他院系广泛开展的各种形式的体育交流活动。

（2）协助体育教学部做好各项体育工作

①协助体育教学部完成训练竞赛工作。学生会体育部应对学校体育代表队的成长进行关心，熟悉校代表队年度竞赛计划；组织训练学校体育竞赛啦啦队，在校代表队比赛时前往摇旗呐喊助威；利用单项体育协会坚持经常性活动的优势，作为校体育代表队的后备力员，在有竞赛任务时可随时通过选拔组队参赛。

②与体育教学部积极配合组织学生群体体育活动。学生会体育部应对学校年度或学期的竞赛计划了解熟悉；与体育教学部保持经常的联系，参与竞赛活动的筹备、组织、裁判工作；在每项竞赛活动开始之前召集各院系学生体育干部布置与竞赛有关的运动员选拔、报名、训练、后勤及有组织地参加比赛等事宜。

③协助教师完成课堂教学工作。对于学校体育课堂教学的开设项目，学生会体育部可以广泛征求学生的意见，及时反映给体育教学部；在课堂教学过程中，学生体育干部应主动协助体育教师工作。

（3）开展学生感兴趣的体育活动

广泛开展学生感兴趣的体育活动可以使学生体育部的作用得到充分发挥，开展工作时围绕学生感兴趣的体育项目，能弥补学校体育竞赛活动有限的情况，有助于提高学生的体育文化素养，丰富学生的业余文化生活。此外，学生体育干部在各项体育活动中也可以增长才干。

（4）组织、管理好学生体育协会

学生体育协会是体育教学部提供业务指导，提供场地和部分器材，学生自己管理自己的组织机构。学生会体育部可以成立单项体育协会或俱乐部，充分利用学生的兴趣爱好开展丰富多彩的体育活动。

（五）学生体育协会

学生体育协会，又称体育俱乐部、课外活动小组、兴趣小组，是由学生体育爱好者构成的团体。学生体育协会的主要管理职责是给学生中的体育爱好者提供展示自己的舞台，并通过该组织使体育技术与技能得到传授，传播体育文化；通过体育爱好者的活动使他们周围的学生受到影响，从而培养广大学生的体育兴趣与爱好，提高广大学生参与体育活动的积极性与热情。

1.学生体育协会的组织形式

学生体育协会由学生自行组织，自愿参加，自己管理，由若干个单项体育协会组成，可以设学生体育协会总会，由学生会体育部行使总会的职能管理各个单项协会。学生体育总会设会长1名、副会长多名，下设活动部、宣传部、外联部、培训部、协调各单项协会的工作。

体育协会必须有自己的协会章程，以保证学校体育协会的严肃性和可持续发展。学生参加协会应该以完全自愿为原则，遵守协会章程，履行入会手续，交纳会费，并积极参加协会的各项体育活动。

2.学生体育协会的活动形式

学生体育协会一般以自己组织活动为主，自己组织培训、练习与比赛。此外，组织对外友谊比赛。参与组织校内体育竞赛活动也是学生体育协会主要的活动形式之一。

3.学生体育协会与体育教学部的关系

体育教学部与学生体育协会关系密切。一方面，体育教学部要为学生各项体育协会配备指导教师，体育教学部可以通过选项课课堂教学、学生单项体育协会活动、学生体育协会内的体育特长生训练等形式对学生进行业务指导和训练，提高学生的体育技术技能和身体素质。另一方面，学生体行协会也要经常将学生的需求向体育教学部汇报，及时寻求体育教师的指导，并协助体育教学部完成各项具体的工作。

三、体育教学管理构成要素

学校体育管理系统是一个复杂的系统。它主要有三个构成要素，即学校体育管理的主体、对象、手段等。具体如下：

（一）管理主体

学校体育管理的主体主要是指在学校体育管理系统中承担管理职能的人（体育教学管理者）或组织（体育教学管理机构）。

1.学校体育管理者

学校内部的基层管理者和校外的中上层领导者，他们在管理活动中处于主导地位，负责制订计划、组织实施、指导检查等工作。在学校体育管理系统中，学校体育管理者个体素质以及他们组合起来的管理机构的集体素质对学校体育的发展影响重大。

2.学校体育管理机构

由学校管理者构成的管理机构，包括校外的各级教育、体育部门所设的宏观管理学校体育工作的机构。这些管理机构行使管理权。

（二）管理对象

体育教学管理的对象是体育教学管理活动的承受者，是管理的主要方面，主要包括以下五个方面：

（1）人：作为被管理者的人主要是基层学校体育工作的操作者。

（2）财：学校体育经费。对财进行管理，合理使用体育经费。提高经济效益是其根本目的。

（3）物：包括体育经费、场馆、器材设备等在内的学校体育物资设备，加强对物的管理，有利于提高物的使用率。

（4）时间：时间管理的主要目的是在尽可能短的时间内办更多的事。

（5）信息：信息是管理工作的命脉，这里指学校体育工作需要的信息。

（三）管理手段

体育教学管理的手段是管理者为实现体育教学管理目标所采取的方法和措施。它是体育教学管理活动赖以进行的条件和方式，其主要包括法规方式、行政方式、经济方式、宣传教育方式等。

四、体育教学管理的基本原理

（一）人本原理

1. 人本原理概述

人本原理，顾名思义，就是以人为本的原理。在任何一个管理系统中，人都是活动的主体，而管理所发挥的重要作用是最大限度地调动人的主观能动性。管理实践证明，若一个组织能充分调动人的积极性，使人的主动性、能动性得到较好发挥，那么这个组织的管理效益实现得也好。因此，在管理过程中，创造一个好的环境，充分发挥人的各方面能力是管理所要解决的核心问题。

人本原理就是强调在管理实践中要把人放在第一位，突出人的作用，提高管理效益。在管理中，人既是管理的主体，同时也是管理的客体。根据主客体划分，可将人分为管理者与被管理者，做好人的工作是现代管理工作的关键；充分调动人的主观能动性与创造性是实现管理目标的关键。

体育教育事业本应是最大限度激发人才能的一项事业。体育教育管理的最终目标是把这种人的能量最大限度地发挥出来，所以体育教育管理所遵守的原理与一般的管理原理是一致的。体育教育系统的大目标实现也是如此，所以坚持人本原理是体育教育工作的一项重要工作。

2. 人本原理在体育教学管理中的应用

在体育教学中保证科学管理和体现"以人为本"，必须遵循人本原理的实施原则，人本原理的相关原则主要包括能级原则、激励原则、动力原则，具体如下：

（1）能级原则

"能级"，是现代管理中十分重要的概念。"能"是指人的能力大小；"级"是指管理体系和管理结构的设置要体现不同的层次和工作内容。"能级"是一个现代物理学中的概念，能是做功的量。在现代管理中，机构、法和人都有一个能量问题，能量大小就可以分级，高能级办高能级的事，低能级办低能级的事。做到能级对应，这就是能级对应原则。贯彻能级对应原则，尤其要注意人的能级对应。人的能力有大小，要根据人的能力水平安排相应的能级（职位等）工作，才能适得其所、各尽其能。

（2）激励原则

所谓管理的激励原则是指对组织中成员的多种行为进行科学的分析，激发其动机，最大限度地调动各类人员的积极性。在现代管理中，激励手段的有效运用，不仅可以调动组织中每一个成员的积极性，而且也能提高管理的效能，由此可知，激励原则在管理中具有极为重要的作用。

在高校体育教学管理过程中，激励原则的运用主要通过以下两个方面实现：

首先，对组织中成员的积极性进行分析。积极性属于动机的范畴，是一种能动的心理状态。组织中成员的积极性，往往通过其在工作中的主动性、责任心、创造性及干劲的持久性等行为表现出来。要想调动和提高组织中成员的积极性，必须对其积极性进行全面、准确而及时的了解和分析，找出问题所在对症下药，才能取得较好的效果。

其次，激励手段的选择和灵活运用。在管理过程中，应根据不同的管理对象、管理条件和管理任务，灵活选择和运用激励方式对组织中成员的积极性进行激励。常用的激励方式主要有以下几种：

①目标激励。结合组织成员的工作岗位，将个人目标融合于机体目标之中，使目标具有一定的挑战性，以此调动其积极性。

②奖惩激励。通过奖励或惩罚，对组织成员的正确行为给予肯定或及时否定其不良行为，来达到提高其积极性的目的。

③榜样激励。利用榜样激励，带动一般成员、后进成员及优秀成员的积极性。

④感情激励。注重对成员进行感情投资，在思想、工作、生活中不断给以关怀，从而激发其积极性。

⑤反馈激励。把成员的工作或学习成果及时地反馈给本人，同时做出客观评价，这对提高其积极性是很大的激励。

（3）动力原则

管理的动力原则是指在管理活动中，管理者必须正确掌握管理动力源，运用有效的管理动力机制，来保证管理活动有序、高效、持续地进行，保证组织目标的实现。动力不仅是管理的能源，而且也是一种制约因素。

管理与物质运动一样，必须要有动力，有了动力才能推动管理活动的进行，这就是管理的动力原则。贯彻动力原则，必须掌握三种动力，即物质动力、精神动力和信息动力,这三种动力,各有特点,要综合运用。其中,物质动力是最基本的动力,它是指通过物质利益、经济手段激发人们的工作热情,调动人的积极性;精神动力是指用精神的力量来激发人的积极性、主动性;信息动力是指通过增长知识、信息交流所产生的动力,包括激发性信息动力、知识性信息动力和反馈性信息动力。

在管理中,动力原则的运用应注意以下几个方面:

①综合运动三种动力,以扬长避短,互相补充,取得最佳效果。在运用的过程中,根据具体情况有所侧重。

②正确认识和处理个体动力与集体动力的关系,使个体动力在大方向一致的前提下得到充分发展,以获得比较大的集体动力。

③运用动力时,要掌握适宜的"刺激量"。

(二)系统原理

1.系统原理概述

系统原理是指通过对系统理论的运用,细致地系统分析管理对象,从而使现代科学管理的优化目标得以实现。系统原理的重要理论基础是整体效应观点。整体效应观点是由塔朗菲提出的,其基本内容为:因为新的有机整体的形成是系统各要素合理的排列组合的结果,伴随着新整体的构成,新的功能、特性和行为等得以出现。即具有了各要素在孤立状态下所没有的性质,产生了放大的功能,即产生了"1+1>2"的效果,因此系统的整体功能之和可以大于各要素的孤立状态之和,一旦功能的放大程度与系统的规模成正比,即系统规模越大,结构越复杂,系统功能就可能越大。

掌握系统原理,必须把握系统的三个基本特征。

(1)目的性:任何管理系统都是一个目的系统。每个系统都有自己明确的目的,目的不明确必然导致管理的混乱。要根据系统的目的和功能设置各子系统,建立其结构,各子系统的目的由系统的目的分解而来。一般来说,一个系统只有一个目的。

(2)整体性:整体性是系统的最基本的特征之一。从某种意义上讲,一般系统是关于整体的一般科学。整体性主要揭示了整体与局部、整体效应与个体效能的关系。要素与系统关系十分紧密、不可分割,整体功能要大于部分功能之和。系统的整体功能建立在一定的要素功能基础之上,没有要素的功能,就没有整体功能;但是,如果要素功能不协调,就不能取得整体效应。因此,把握系统的整体,着眼于整体效应,这是我们认识和运用系统原理之精髓。

(3)层次性:凡是系统都有结构,而结构都有层次性,这是系统的又一个重要特征。系统的层次性,要求管理必须分层次进行,建立层层管理、层层负责、各司其职、各负其责的管理秩序。从社会管理系统来说,可以划分为宏观管理、中观管理和微观管理三个不同的层次;从一个部门、一个单位的管理来说,可以划分为决策层的管理、管理层的管理和执行层的管理。各系统的层次之间有着密切的相互关系。

2. 系统原理在体育教学管理中的应用

系统原理要求管理者在体育教学管理中必须遵循以下原则，以促进体育教学管理工作的顺利、高效完成。

（1）"整—分—合"原则

"整—分—合"原则可以简单地概括为整体把握、科学分解、组织综合。具体含义就是，对整体工作进行充分细致的了解，并以此为基础，将整体分解为一个个基本要素，进行明确分工，使每项工作规范化，建立责任制，然后进行科学的组织综合，最终实现管理功效提高的目的。遵循"整—分—合"原则要求管理者应做到以下几点：第一，要树立整体观点。扩大整体效应，实现整体目标是最终目的，但其大前提是整体观点。第二，正确分解，要明确分解的对象。分解不是对管理功能的分解，而是对管理工作的分解，分解要围绕着目标进行。管理功能要求人、财、物等要素统一，其中任何一个要素被肢解，都会导致管理的无法进行，因此必须抓住分解这一关键。第三，重视分工与协作。分工是非常重要的，但它不是目的，还必须进行强有力的组织管理，使各环节同步协调，有计划按比例地综合平衡，既分工又协作才能提高功效。分工要搞好，协作也要搞好，这是对整分合原则进行贯彻的要求。

（2）优化组合原则

系统目标的有效实现，整体效应的提高，要求系统的组合达到优化，也即是优化组合原则的要求。优化组合的内容是多方面的，具体来说，主要包括以下四方面的优化组合：首先，目标的优化组合。目标的优化组合，其最终目的是要组成优化的目标体系，这就要求实行目标管理的单位。要大力发动群众，民主制定科学的总目标，然后以优化组合原则为根据。把总目标层层分解到下属组织或个人，使各自的长处得到充分发挥。其次，组织的优化组合。管理跨度，是指一个上级能直接有效地领导下属人数的限度，它对组织的管理层次、人员数量起着决定作用，影响着组织结构的横向划分、纵向联系。管理者的素质、能力、精力、知识及管理对象的状况和分布距离等限制着管理跨度的大小。管理跨度原则是优化组合必须要贯彻的。再次，人才的优化组合。人才组合的整体效应的发挥要求对人才进行优化组合，因此在一个人才集体中，既要有高、中、低人才的合理搭配和组合，也要有各种特长的人才的互相配合，使人才的作用都充分发挥出来。最后，环境的优化组合。管理者、被管理者和管理环境三个要素组成了管理活动，所以环境的优化组合也是非常重要的，不容忽视，将组织的外部条件（自然的、社会的、生态的）科学合理地组合起来，为管理工作创造良好的环境就是环境优化组合的内容。

3. 相对封闭原则

任何一个系统内的管理手段必须形成一个由连续的相对封闭的回路构成的完整的

管理系统，进而形成有效的管理运动，这就是相对封闭原则。

管理系统存在着两大基本方面的关系：一是它与外部相关系统之间的关系。由于管理对象这一系统处在更大的系统之中，必然与外界相关系统发生输入与输出的关系，处于一种开放性状态。对于解决这些外部关系主要是"经营"的任务，属于"领导"的范畴。二是本系统内部各要素之间的关系。系统内部形成有效的管理运动，必须使系统内的管理手段、措施构成一个连续的封闭回路。就像电线一定要形成回路电子才能得以运动而产生电流一样，不封闭的管理，即使某个环节管理得再好，也不能形成管理系统内的正常运转，无法获得系统整体的效应。系统内部关系的解决主要是"管理"的任务。例如，优秀运动队的大队长要通过各职能科室指挥领队（主教练），领队又指挥教练员，教练员指挥、训练运动员，最后通过一定的职工代表大会制度制约大队长。各级之间则以信息反馈相互沟通。

（三）责任原理

1. 责任原理概述

责任原理是指为了实现组织目标、挖掘人的潜能，应在合理分工的基础上明确规定各个部门及个人必须完成的工作任务和必须承担的与此相适应的责任。

遵循责任原理制定的责任制，在运动训练管理中已得到广泛的应用。如目标责任制、风险金等。

2. 责任原理在体育教学管理中的应用

在体育教学管理系统中合理应用责任原理，要求做到职责明确、授权合理、奖惩分明和规范管理。具体如下：

（1）职责明确

体育教学管理是一项系统工程，任务重、头绪多、工作杂，如果没有明确的分工，工作无法正常开展；分工不明，工作必然混乱。但是，分工只是对工作范围做了形式上的划分，还无法完全地体现出分工对于工作的数量、质量、完成的时间、效益等要求，而职责是在分工的基础上，在数量、质量、时间、效益等方面有严格的行为规范。所以说，分工不等于职责，但职责明确必须建立在正确的分工基础之上。

（2）授权合理

怎样才能做到完全负责，取决于权限、利益、能力等因素。明确了职责，就要授予相应的权力，即一定的人权、物权、财权，否则难以完成已承担的职责。对工作完全负责，仅合理委授权限是不够的，还必须让其承担风险。同时，在职位设计和权限委授的过程中，还要注意每个人承担的职责要与其能力相对应，才能做到人尽其责、物尽其用。

（3）奖惩分明

学校体育的管理要做到奖惩分明。一方面，要进行奖优惩劣，以引导每个人的行为朝积极的方向发展；另一方面，要保证奖惩公开、公正、及时，否则奖惩本身的作用和意义便会丧失。

（4）规范管理

规范管理是体育教学管理工作顺利进行的保证，具体来说，要建立相应的岗位责任制、考绩制、奖惩制，组成一个环环相扣、相互配合的管理制度体系，保证责任原理的有效应用。

（四）效益原理

1. 效益原理概述

效益原理要求在管理的各个环节、各项工作中，都要以社会经济效益的提高为中心，提高资源利用率，以创造最大的社会经济效益。在管理系统中，经济效益是管理效益的直接形态。

现代管理的根本目的，是要创造最佳的社会经济效益，效益原理的实质在于任何管理都要以取得效益为目标。所以，效益原理是指管理的各个环节、各项工作，都要紧紧围绕提高社会经济效益这个中心，科学地、节省地、有效地使用有限的人力、财力、物力、智力和时间信息等资源，以创造最大的社会经济效益。对于现代管理系统来说，创造最佳的社会经济效益就是其根本目的，效益原理的实质在于任何管理都要以取得效益为目标。因此，这一原理同样适用于体育教学管理。

2. 效益原理在体育教学管理中的应用

（1）追求效益

在体育教学管理过程中，追求管理效益应特别注意以下几点：第一，确定管理活动的效益观，即要以提高效益为核心；第二，追求管理效益时，更应该追求长期稳定的高效益；第三，应追求局部效益与全局效益协调一致；第四，管理效益的影响因素很多，因此必须端正主题管理思想。

（2）评价效益

管理效益的评价标准不是绝对的，可以从不同的主体和不同的角度去进行。采用不同的评价标准和方法，得出的结论也会不同，甚至相反。评价的结果会对组织对效益的追求有着直接影响，因此有效的管理首先要求对效益的评价尽可能公正和客观。一般来说，效益的评价有首长评价、专家评价和群众评价三种。其中，首长评价权威性较高，全局性掌握得较好，但不够细致和具体；专家评价比较细致，技术性较强，但可能忽视间接效益而只注重直接效益；群众评价比较公正，但要获得结果需要花费较多的时间和费用。在体育教学管理中，应综合运用各种评价方法。

(五)竞争原理

1. 竞争原理概述

竞争原理是指个人与个人之间、团体与团体之间、国家与国家之间,为了各自的目标和利益,相互竞争,以求取胜的理论。有竞争就有压力,有压力就要奋斗,就要拼搏。实践证明,竞争可以激发个体的工作热情,激发个体的进取精神,充分挖掘个体的潜能,从而能够促使个体创造性地工作,去克服各种各样的困难。此外,竞争还可以使组织集体充满生机和活力、促进内部团结,增强团队凝聚力。

优胜劣汰是事物发展的一般规律,对于体育运动来说,竞争更是其突出特征,在体育管理中处处存在竞争,时时有竞争。

2. 竞争原理在体育教学管理中的应用

在体育教学管理系统中应用竞争原理应注意以下几个问题:

(1)竞争要有一致的标准、条件

以运动员的训练管理为例,保证竞争条件的一致性,可以为同级别的运动员提供一致的竞争标准,这样可以使运动训练评价体系的公正性得到保证,也可以实现运动训练系统的一致目标,使运动训练的进一步发展得到促进。

(2)竞争的同时应相互交流、提高

竞争原理强调竞争过程中的互相交流和互相提高。增进参与人员之间的友谊、团结与合作,并培养其团队精神是任何体育竞争的行为的目的。

(3)防止投机取巧、不正之风

任何管理系统都需要良性的竞争。在体育教学管理的各个环节中,要按章办事、依法办事,做到既不姑息又不失衡,保证其公信度。

(4)评价或制裁要公平、公正

评价或制裁制度是检验、评价运动员的成绩与效率的一项管理制度,因此,评价或制裁的标准应采用定性和定量相结合的方法。标准要做到公平、公正、合理、实际。

(六)动态原理

1. 动态原理概述

动态原理是对管理对象的变化情况进行及时把握,对各个环节进行不断调节,以使整体目标得以实现的规律概括。

由于人、财、物、时间、信息等管理对象处于不断变化、发展的过程之中,相应地,计划、组织、控制、协调等各个环节也必须随着管理对象的变化而变化,动态地适应管理对象的变化,这样才能保证管理目标的实现。

2. 动态原理在体育教学管理中的应用

（1）保持弹性

管理系统受多种因素的影响，各因素之间的关系也具有复杂性，在管理中对所有问题的各种细节进行正确把握是很困难的，因此在管理过程中必须留有余地，保持弹性，才能保证管理活动的正常进行，这就是弹性原则。在管理中如果弹性较小，其原则性就较强，适应能力就相对较弱，如果弹性较大，其适应能力就较强，适应环境就较快。因此，弹性大小的确定没有一个绝对的标准，以不同的管理层次要求、不同的管理对象和不同的管理目标为主要根据。一般来说，管理弹性可以分为局部弹性和整体弹性，也可以分为消极弹性和积极弹性。

（2）重视反馈

系统把信息输送出去，又将其作用结果反送回来，并对信息的再输出起到调节控制的作用就是反馈。重视通过反馈来控制管理过程具体是指通过信息的反馈，对管理者未来行为进行控制，使行为不断逼近管理目标的过程。

（七）协调发展原理

1. 协调发展原理概述

可持续发展已成为当今社会发展的重要发展趋势，同时也是现代管理新的发展趋势，而坚持协调发展的原则是坚持可持续发展的关键，对于体育教育工作来说，就是普及与提高相结合，学校体育和竞技体育协调发展。

所谓协调发展，就是指方法适应于目的，让事情和活动都有合适的比例，处理好普及与提高的关系是体育教育工作协调中的关键问题。在体育教育管理工作中，一定要将协调发展原理应用其中。

2. 协调发展原理在体育教学管理中的应用

在体育教育管理中，要做到学校体育和竞技体育的协调发展，应遵循以下几个基本原则：

（1）坚持用辩证的观点看待学校体育和竞技体育之间的对立统一关系

虽然学校体育和竞技体育的社会目的、表现形式等方面都有很多不同之处，但两者既不是绝对的对立，如天平的两端此起彼落，也不是机械的拼合。学校体育与竞技体育是相互促进、相互渗透、相互依赖、相互支援、缺一不可的。

具体来讲，竞技体育对学校体育，起着兴趣引导、示范、技术指导等作用。通常情况下，如果我国的某项竞技体育项目在国际上取得优异成绩，学生参与这项活动的热情就会提高，从而掀起开展这项活动的学校体育热潮。此外，一些优秀的教练员和运动员也会在学校进行授课，使学生掌握正确的方法，不断提高运动水平，改善身体健康状况，这就是技术指导。同样，学校体育对于经济体育的发展也会起到积极的作用，对于竞技体育来说。学校体育可以打好运动基础，发现运动人才，为竞技体育创造良好的发展环境，提供人力和物力支持等作用。

（2）坚持"两点论"和"重点论"

"两点论"是指学校体育和竞技体育两手都要抓，要体现协调发展的精神和原则，不能只抓一个放一个，也不能轮流抓，时紧时松。"重点论"是指体育工作整体以突出增强人民体质为重点，学校体育和竞技体育都要服从于这个大目标。

"两点论"和"重点论"是体育发展的协调观、整体观，也是体育教育管理中坚持协调发展的主要内容。通过协调发展，提高体育教育适合社会多种需要的综合能力，才能更好地为社会服务，最终达到体育教育为增强体质、促进人的全面发展的大目标，形成良性循环。

第二节 高校体育教学管理的方法

一、行政方法

（一）行政方法的概念

行政方法是依靠各级管理机构和领导者运用行政手段，按照行政系统规范进行管理活动的方法。它通过采用命令、指示、规定、指令性计划和职责条例等行政手段对其各子系统进行调节与控制。

在高校体育教学管理实践中，运用行政方法要求上级、上下级之间的关系非常清晰。因此，上级对下级所下达的命令、指令或指令性计划等一定要符合本部门的实际和管理活动的规律；要求上级领导必须具备良好的领导素质、较高的理论政策水平、较强的组织管理能力等。

（二）行政方法的特征

1. 强制性

强制性是行政方法的鲜明特性之一。高校体育教学管理的上级组织通过各种行政指令来实现对管理对象的指挥和控制，这些指令是上级组织行使权力的标志，下级必须贯彻执行。这种"非执行不可"与官僚主义的强迫命令有很大不同，它主要是强调思想上和行动上服从统一意志，强调原则上的高度统一。

2. 权威性

权威性是在体育教育管理中运用行政方法所起到的主要作用。在体育教育管理中，管理者的权威在很大程度决定了行政方法是否有效，所发出指令的接受率以及上下级之间的沟通。因此，不断地完善和健全各级体育教育的管理机构，强化职、资、权、利的有机统一，努力提高各级管理组织和管理者的权威性，是有效运用行政方法的基本条件。

3. 纵向性

高校体育教学管理行政方法的纵向性特征是指行政命令的传达执行通常是通过垂直纵向逐层进行的，在一个管理系统内部，下级只服从顶头上司，下一层次只听上一层次的指挥，对横向传来的命令、规定等，基本上可以不予理会。也就是说行政方法强调纵向的自上而下，反对通过横向传达命令。但复杂的管理系统中出现的横向管理需要各组织和部门之间充分沟通和协调。

4. 稳定性

行政管理系统具有严密的组织结构、统一的目标、统一的行动、强有力的调节和控制，对于外部因素的干扰具有较强的抵抗作用，因此体育管理过程中的行政方法具有一定的稳定性，但应注意的是这种稳定性是相对的。

（三）行政方法管理的作用体现

1. 建立、健全、保持、维护正常的管理秩序

体育教育管理的目的，是提高体育教育管理系统的功效，实现管理目标，而人、财、物、信息等的合理流通是管理功效提高的关键。通过行政规范来调节各种关系，从而建立起正常的管理秩序，使整个体育教育管理系统按照规范正常有效地运转，形成一个良性循环机制。

2. 规定和调节各种管理关系

体育教育所涉及的范围很广泛，包括国家、集体、个人之间纵向与横向的各种错综复杂的利益关系。法规是体育教育管理中按照一定规范对各种利益关系进行有效调节的依据，特别是在规定和调节不同行政管理系统、不同管理层次关系等方面更具有特殊的制约作用。

3. 促进体育教育发展

体育教育的发展需要一定的制度保障。例如，体育场馆设施的设计及建筑、体育场馆的管理和使用等，应予以行政规范。而对那些阻碍体育教育发展的因素，如对体育教育管理中责、权、利不清，信息不通，人、财、物浪费等应进行必要的制裁等。

二、经济方法

（一）经济方法的概念

经济方法是指体育管理者以客观经济规律的要求为依据，通过经济手段的运用，对各种不同经济主体利益之间的关系进行调节，以实现管理目标的方法。

在高校体育教学管理过程中，价格、税收、信贷等宏观经济手段几乎不被使用，比较常用的经济手段有工资、奖金、罚款等微观经济手段。

（二）经济方法的特征

1. 间接性

经济方法对人行为的调节是间接性的，它不能直接改变人的行为。在具体的工作中，经济方法对集体与个人行为的控制和干预是通过对各方面经济利益的调节来进行的，如物质奖励等经济方法的运用等，它能在一定程度上引导、激励人们的价值取向和行为，调动人员的工作积极性、提高人员的工作效率。

2. 有偿性

经济方法具有有偿性，一方面，它要求组织之间的经济往来应遵循等价交换原则，实行有偿交换，如运动员的代培、科研成果转让、体育场地使用等。另一方面，它对个体的管理强调劳动成果与获取报酬之间的关系。因此，在高校体育教学管理工作中，经济方法必须和其他方法综合运用，而不能单纯和员工进行有偿交换，要重视对员工的思想教育。

3. 关联性

经济方法本身具有很大的变化，且涉及因素多，会影响到体育系统内部多方面的连锁反应，如对不同层次体育竞赛中运动员、教练员的奖励问题及体育场馆的承包机制等。因此，运用经济方法应充分考虑管理对象的特殊性质，并做好经济方法应用的预测，以便在高校体育教学管理中正确运用。

（三）经济方法管理的作用体现

不同的经济手段在不同的领域中发挥各自不同的作用。

1. 有利于提高经济效益

就体育教育管理而言，提高经济效益就是要提高体育教育的投资效益。正确、适当、科学、合理地运用经济方法，可以有效地提高各层次体育教育投资的经济效益。在体育教育管理中运用合理的经济方法可以调动各级体育教育组织的积极性和提高教学工作的效率，还可以对人、财、物等进行统筹安排。因此，必须尽量做到少花钱、多办事、办好事，克服那种花钱大手大脚、铺张浪费的不良作风，不断提高体育教育管理的社会经济效益。

2. 有利于强化管理职能

强化管理职能，主要表现为上级体育教育管理机构能通过各种经济手段来控制下级体育教育组织和被管理者的工作及教学情况，将他们的经济利益与必须承担的工作任务、本职责任挂起钩来，区别情况进行赏罚。通过采取这些措施，可以大大调动广大体育教育管理者的积极性，对我国体育教育事业的发展起到了很大的推动作用。同时，既强化了上级体育教育管理机构对下级机构和被管理者的指挥、控制等职能，又促使下级机关和被管理者对上级部门指令和管理决策接受率的明显增加。

3. 有利于适当分权

经济方法的经济制约作用，为给基层单位以相应的经济自主权创造了条件。例如实行费用定额管理、经费包干管理，既有利于分析和比较培养运动员的费用消耗和其他各种训练费用消耗的实际情况，又有利于充分发挥下级训练部门的自主权，把管理搞活，使管理的逆向作用得以较好地发挥。

4. 有利于客观地检查评价管理效果

运用经济方法进行体育教育管理的效果是通过具体的经济指标来体现的，所以经济方法具有客观性和可比性的特点。经济方法所采用的各项经济技术指标和效果一般也都是公平的、有效的，具有明显的激励效能，可以充分调动下级体育教育部门和被管理者的积极性。

此外，运动竞赛中的效益也是将经济收入作为评价效果好坏的依据之一。

三、宣传教育方法

（一）宣传教育方法的概念

宣传教育方法是指使人们围绕着共同目标而主动采取行动的方法。该方法的客观依据是人们对思想活动的发展规律的正确认识，它能够激发管理人员、教练员和教师的工作热情，是高校体育教学管理工作进行的重要前提。

（二）宣传教育方法的特征

1. 先行性

任何一种管理方法的实行、管理决策的制定，都必须通过宣传和教育。通过宣传教育一方面可以使被管理者对其有充分的了解，同时思考自己如何配合行动；另一方面，在管理过程中实施各项决策之前，通过宣传和教育，还可事先预测到人们可能产生的各种反应，制定相应的宣传教育措施予以预防，从而强化其正面效应，抑制可能产生的不良效应。

2. 滞后性

滞后性和先行性是相对而言的。在高校体育教学管理实践中，通常会在事情发生后开展一些思想教育工作，而人们的认识和思考需要一定的时间。宣传教育方法的滞后性要求管理者必须从实际出发，科学地、正确地分析已经发生的问题，以理服人，改变被管理者的错误认识，从而纠正其不当行为。

3. 疏导性

宣传教育方法主要是通过对人们的教化来发挥作用的，因此，在教学管理中对思想问题采取回避或捂堵的方式是不可取的，甚至会激化矛盾。只有因势利导，动之以情、晓之以理，充分发挥宣传教育的疏导性才能达到教育的实效。

4. 灵活性

宣传教育方法的运用因人、因时、因地而异。如体育管理时期和管理对象不同，宣传教育对象的思想基础、性格类型、价值观念和需求等会存在较大的差异，这就要求宣传教育工作必须以不同时期、不同对象为根据，合理把握宣传教育的内容、重点、形式以及手段，灵活对待和处理。

（三）宣传教育方法管理的作用体现

宣传教育方法的特点决定了其对管理者和被管理者的影响主要是思想观念的影响，因此，宣传教育方法具有节省人力、物力和财力的重要作用。其对于管理效果的影响是潜移默化的，并且是长久性的。

在体育教育管理实践中，只有正确地运用思想教育方法，把握思想教育的特点，才能及时地解决管理中的各种问题。思想教育应贯穿于体育教育管理的全过程。思想教育不仅是领队的事，教练员同样负有思想教育的任务。

第三节 高校体育教学管理的组织机构

一、体育教学管理组织的含义

组织是人类社会生活中一种最常见、最普遍的社会现象，它是自人类历史开始后便开始存在的，其产生原因来自人类长期与自然的搏斗，不仅包括生产的斗争还包括社会的斗争。以原始社会人类的生存生活方式为例，原始社会人类在没有刀具和其他工具的情况下，只身狩猎成功的概率会很低。相比之下，个体之间进行合作，进而慢慢联合起来形成"团队"进行狩猎成功的概率就大大增加，这就是早期的群体联合行为，是组织的雏形。

社会学研究表明，个人的某些目标需要依赖于与他人的合作才能完成。随着人类社会的不断进步，在现代文明高度发达的今天，人们的各种活动仍旧会以不同组织和团体的形式出现。因此可以说，组织是社会的细胞，是社会的基本单元，也是社会的基础。

在管理学中，组织有静态和动态之分。具体分析如下：

（1）静态的组织具体是指组织结构。"结构"一词原本属于建筑学领域的用词，在中国古代是指屋宇构建的式样，在现代，结构一般是指事物的各个组成部分之间的有序搭配。组织结构可以把人、职位、任务之间的范围、程度、协调等确定下来，并通过各自之间的关系来完成各自的任务和职责，并明确不同部门和层次之间的关系，从而构成一个完整的组织框架体系。

（2）动态的组织是指保持组织体系中各要素的正常运转及其变革，组织的各构成要素在相互关系的配合下共同完成组织目标，完成目标的过程是一个动态的过程。从动态方面理解组织是把组织看作管理的一种基本职能。

组织结构理论是研究组织责权关系、分工与协作等组织要素之间相互联系和组织设计如何更有效的理论。它是实现组织目标的重要手段，同时也影响和制约着组织功能的性质、水平、范围，决定着组织的效率与竞争的能力。在现代学校体育教学管理中，不同学校有不同的组织管理模式。每种模式都有它的合理性和特点。不同管理模式的建立与体育教学的组织结构密切相关。

二、体育教学管理组织的任务

体育教学管理系统中组织的主要任务包括体育教学组织结构的设计、体育教学组织系统的运行和体育教学组织系统的调整三个方面，其中，体育教学组织结构的运行是重点。

（一）体育教学组织结构的设计

高校体育教学管理组织结构的设计就是按照体育教学管理要达到的总体目标、任务、规模及所处的教学环境确定体育教学管理的组织结构、设置管理职位、划分职权与职责，从而构建合理有效的体育教学管理系统框架。

在实际的教学管理过程中，体育教学管理组织结构的设计会牵扯到体育教学内部的运行机制、管理权限以及运作流程，因此，合理的体育教学组织结构设计是十分必要的。

学校体育教学的组织结构设计应重点考虑以下几个问题：

（1）学生当前体育学习需要的问题。体育教学的组织结构设计必须以最大限度满足学生对体育教育的兴趣和需求为出发点。

（2）学生终身体育需求的问题。体育教学的组织结构设计在考虑学生体育教学需要的基础上，还要考虑到能够让学生的技能学习在今后很长一段时间内使其受益，以保证学生能够在毕业后成为全面型人才，进而有利于体现学校教育特色，增强学校的核心竞争力。

（3）关系协调问题，具体是指学校场地和器材管理部门与体育教学部门的协调合作问题。如果学校体育教学的组织结构设计不合理可能使部门与部门之间的沟通不畅，造成组织管理方面的不顺畅，进而会影响整个体育教学过程。

（二）体育教学组织系统的运行

设计体育教学管理组织结构是为了更好地行使体育教学管理的组织职能。体育教学管理系统有效运转有助于体育教学组织的管理职能的有效发挥。在体育教学管理过程中，为了使各种与体育教学活动有关的各要素有机配合，保证组织的正常运行，必须具备以下条件：

1. 制定体育教学管理系统的制度规范

体育教学管理系统的制度规范主要包括针对人的制度和针对部门的制度两种。制定制度的根本目的是保证体育教学管理系统中各部门、各工作人员任务、范围、权限、标准的明确可行，规范化的制度有助于体育教学工作的有序开展。

2. 制定体育教学管理系统的工作流程

工作流程是实现体育教学最终管理目标和工作任务的工作路径。它体现了体育教学管理系统各类工作任务间的顺序关系。这种顺序关系是由工作任务的特点和逻辑关系决定的，具体是指体育教学管理系统的工作任务的具体工作步骤及其先后顺序。由于在一个工作任务中的逻辑关系不是唯一的，因此完成任务的工作路径也不是唯一的，是可选择的、可变的。因此，工作流程就有了最佳方案的可能。

3. 建立体育教学管理系统信息沟通渠道

现代社会是一个信息化社会，信息沟通在社会中占有十分重要的地位，对于一个完整的管理系统来说，良好的信息沟通对于管理工作有着事半功倍的作用，因此，建立通畅的信息沟通渠道对于管理系统的正常运行是十分必要的。在体育教学管理系统中，建立信息沟通渠道的目的是使管理者及时准确地获取相应信息，以便适时地调整、改变体育教学工作，同时在体育教学工作完成过程中的风险发生时能做出快速有效的反应，这些最终的目的都是更好地完成工作任务。

具体来说，现代学校体育教学管理系统中信息沟通的渠道主要有以下几种：

（1）正式沟通渠道

正式沟通（Formal Communication/Communication Object Official）渠道是指依据一定的组织原则所进行的信息传递与交流。通常情况下，较为重要的信息和文件的传达、组织的决策都会采取正式沟通。正式沟通的优点是沟通效果好、约束力强、权威性强；其缺点是需要层层传递，比较刻板，沟通速度慢。

（2）非正式沟通渠道

非正式沟通渠道是指正式沟通渠道以外各种形式的信息交流和传递。它是正式沟通的有机补充，不受组织监督，沟通渠道的选择自由。

非正式沟通能更灵活迅速地适应事态的变化，省略许多烦琐的程序；可获得许多非正式沟通难以获得的信息。真实反映组织人员的思想、态度和动机；其缺点是需要管理组织人员之间存在良好的人际关系，否则容易造成信息的失真、曲解，从而影响人心稳定和团体的凝聚力。

正式沟通与非正式沟通各有特点与利弊，在学校体育教学管理中，管理者应该重视非正式沟通渠道的信息沟通。

（3）向上沟通渠道

向上沟通渠道是指下级通过一定的渠道与上级管理者及管理决策层进行的信息交流。学校体育教学管理中的向上沟通具体是指学生向老师、管理人员与师生向主管主任、主管主任向主管校长等进行信息交流。向上沟通渠道有层层反映和越级反映两种形式。其优点是下一层人员可以直接把自己的意见向领导反映，有助于各级管理者直接了解教学一线的情况，上下级之间能形成良好的互动关系，有助于组织系统管理水平的提高；其缺点是这种沟通方式比较被动，而且下级沟通人员往往会承受很大的心理负担，如果沟通不畅容易导致向上沟通常常效率不佳。因此，沟通过程中应注意沟通对象的心理调节。

（4）向下沟通渠道

向下沟通渠道是指体育教学的管理者把想要传达的某项指令通过多种方式层层下传的沟通方式。其优点是可以使基层管理部门和普通师生及时了解来自上级的信息与领导意图，及时协调组织系统内部各个层次的活动；其缺点是如果这种渠道使用过多，不利于上下级之间形成良好的互动关系。并且由于来自最高决策层的信息需要经过层层传递，容易被耽误、搁置而导致信息曲解、失真。和向上沟通受领导威严的束缚相比，向下沟通比较容易，在传统的管理理念中，更加偏重于向下沟通。但为了让高层更清晰地了解基层的情况，向上沟通的模式也开始逐渐受到重视。

（5）水平沟通渠道

水平沟通渠道指的是层次相当的个人及部门之间所进行的横向的信息传递和交

流。其优点为它可以使办事程序手续简化，节省时间，提高工作效率；在体育教学管理系统中，水平沟通可以使体育教学管理的各个部门之间相互了解，有助于培养组织人员的整体观念和合作精神，克服本位主义倾向，改善师生、教练员与运动员之间的人际关系。

（三）体育教学组织系统的调整

任何一个管理组织系统都不是一个完全静止孤立的封闭系统，它总是处在不断变化中的。体育教学管理系统也不例外。在体育教学管理系统中，无论是系统内部的人员构成、专业结构、组织规模等还是系统外的院校管理体制、国家政策等因素都有可能发生变化。为适应这种变化，就要对体育教学组织系统不断做出调整，以保证体育教学管理系统工作的正常进行。

三、体育教学管理组织机构的建立

（一）体育教学管理组织机构的含义

在我国体育教育系统中，高等院校是体育教学管理方面发展较为完善的地方，更具代表性和前沿性。因此，这里主要以我国高校为例探讨高校体育教学管理组织机构。了解我国目前高校的组织结构是研究学校体育教学管理的组织结构框架的重要前提和基础。在我国，高等院校是指实施本、专科及以上学历教育的普通高等学校。受各种因素的影响，不同类型的高等院校，体育教学管理组织结构也会有一些差别，即使同一类型的高等院校由于学校的历史及现状的不同，其组织结构也会呈现各自的特点。但就我国高等院校的整体而言，各高校在组织结构的设计上也是有规律可循的。

目前，针对我国高校的体育教学管理组织机构的含义，可以从以下两个方面进行理解和分析：

首先，一些学者认为，我国高校从组织形式上看属于比较典型的科层制的组织结构。具体来说它具有以下几个方面的特点：第一，管理组织机构的建立是为实现组织共同的目标，对组织的全部活动进行划分，确定专业化职务并分配给各个组织成员；第二，管理组织机构内部的各种职位是按等级原则组织起来的，权利和义务明确；第三，管理组织机构中的每一项工作都必须按严格的规章制度规范，有严格考试和训练制度，管理人员有固定的薪水和明文规定的升迁制度；管理组织人际关系理性程度较高。具体来说，可以将高校体育教学管理组织机构的特点简单地概括为分工专业化、组织标准化、工作指标化、人员统一化、工作秩序化、管理规范化。

其次，从本质上来讲，我国高等院校是一个围绕教育与科学研究和行政单位组成的矩阵式组织，是学科与教育活动把学者们组织在一起。因此，高校体育教学管理组织机构呈现出以下特点：第一，从高等院校的人员构成来说，高等院校的教师既在学术上归属于某一学科、专业，又在行政上归属于某一特定的院校或学院或系，这充分体现了高等学校的组织结构所具有的行政组织与学术组织的特点；第二，从高校的机构设置来说，纵向方面有校、院、系等划分，横向方面有各职能处室及各种研究所、各类中心，课题组、项目组等，这就形成了多重矩阵结构；第三，从高校的不同职能来说，高校的教学、科研、服务等职能的实现都需要相应的组织结构来保证，相应的也可划分为教学矩阵、科研矩阵、服务矩阵以及为上述职能实现而服务的管理矩阵。

对我国高校的体育教学管理组织机构含义的这种认识更倾向于行政权力的角度。从行政管理的角度看，一般高校教学的组织结构大都可以用一个矩阵式结构图表示。

现阶段，我国高校在组织结构的设计方面都或多或少地体现了矩阵式的组织结构理论。

（二）体育教学管理组织机构建立的原则

学校要想建立和完善体育教学管理组织结构，必须要以培养学生体育运动技能为核心，并且遵循以下原则：

1. 统一原则

体育教学管理组织机构建立的统一原则是实现学校办学目标的重要保证，具体是指体育教学管理系统部门的建立及其运转要尽量将体育教学管理的组织结构形成有机统一的整体。

该原则针对的主要对象是那些最为复杂的体育教学活动，主要体现在以下两个方面：

（1）统一目标。学校体育教学的管理必须有统一的目标。统一的目标是体育教学管理系统内各部门、各层次的管理活动得以有计划、有序进行的重要保障和方向。通常来讲，学校体育教学管理的最基本目标就是保证体育教学按照正常秩序顺利开展，学校体育教学管理的最高目标是争取将学校设置的体育教学内容尽量符合学生一生所需，不仅能较好地掌握一至两项运动技能，还能将运动的理念植入学生的心中。学校体育教学管理的最低目标与最高目标的实现都需要体育教学管理系统内的各部门、各层次管理人员的共同努力。在保证最低目标与最高目标的指导下，学校体育教学系统内的各部门、各层次管理人员可以在自己的职权范围内，制定具体的工作目标。

（2）统一命令。在体育教学的管理系统内部，各个部门、各个管理人员一般只接受一个上级领导的"命令"并对其负责，为了更加有效地实现体育教学目标，体育教学的管理系统中体育教学的规章制度的制定、执行、修订、废除都应该统一。特别是在制度的执行上决不能因人、因部门而异，要坚决防止出现特权部门、特权人物的存在。

2. 效率原则

体育教学管理组织机构建立的效率原则是指在建立体育教学组织结构过程中，应该想方设法地通过协调和控制提高工作效率和经济效益。效率原则是衡量体育教学管理的组织结构是否科学合理的重要原则。现阶段，我国学校体育教学管理组织结构的设置存在不合理的现象，存在诸如学校的集权与分权、分工与协作等问题，处理这些问题的前提一定要考虑到怎样才能有助于学校教学工作效率的提高，这是学校体育教学管理的根本目的。

3. 精简原则

体育教学管理组织机构建立的精简原则是指学校体育教学组织结构要在达到全面支持体育教学的基础上，尽量精简机构。在学校中，体育教学组织结构的精简，关键在于精，要以精求简。具体来说，精简、有效的学校体育教学组织结构应具备以下特征：

（1）部门分工恰当。如此可使得每个部门都有明确的分工，因岗设人，职责明确，减少了工作相互推诿情况的发生。

（2）机构设置合理。避免不同机构之间工作任务的交叉，在保证体育教学工作顺利完成的基础上，尽量减少机构数量。

（3）人员配备合理。体育教学管理系统内的每个人都有明确的职责和饱满的工作热情，这并不是要求一定要做到每人身兼数职，但一定要避免人浮于事、无具体工作参与的现象。

（4）层次划分科学，岗位的设立一定有其必要管理的职责范围，可有可无的管理环节尽量省去不要。如果在工作实践中，出现了不必要的管理层次，就会造成组织机构繁冗，增加管理成本、降低工作效率，会在很大程度上影响管理人员的积极性和创造性。

（5）提高人员素质。在教学管理系统中，只有人员素质不断提高，才能实现人员精干，进而真正实现精简，如果没有高素质的人员做基础，片面追求精简，就会造成简而不精，进而导致整个体育教学管理系统的管理能力的弱化，影响体育教学管理目标的实现。

4. 责权一致原则

体育教学管理组织机构建立的责权一致原则是指在建立组织结构过程中，既要对每个部门规定明确的职责，又要根据职责大小赋予相对等的权力。在体育教学实践中，要完成某一项工作就一定要确立具体部门的具体职责，并保证部门为了完成这一职责拥有与之相匹配的权力。如体育老师为了完成某一项教学课程需要使用特定场地，但学校并没有赋予他随意使用场地的权力，因此，体育教师在使用场地之前就需要与相关职责场地管理部门进行沟通，相关管理部门也许还要向他的上级沟通，这种情况必然会降低管理效率和教学效率。责权一致、责权对应是体育教学管理的一般要求，也是体育教学的管理系统内部各部门、各层次履行管理职能的基本条件之一。只有责权一致，才能充分发挥各部门和人员的积极性和主动性，才能提高工作效率。

5. 弹性原则

体育教学管理是一个动态的过程，且受诸多因素影响，体育教学管理组织机构建立的弹性原则是指管理系统中的每个部门、每个环节和每个管理人员为完成特定工作，都能自主地履行自己的职责，能够根据客观情况的变化自动地调整履行职责的方式、方法。在体育教学实践中，弹性原则要求在体育教学管理组织结构的设置中考虑要在统一领导的基础上适时实行分级管理，也就是在统一的前提下给每个部门、每个层次以必要的权力，给予各部门、层次一定的弹性权力，使他们能在自己的职权范围内可以根据实际灵活采取相应措施自主调节工作，能充分发挥自己的积极性、主动性和创造性，进而实现体育教学管理的科学化、高效化。

第二章 高校体育教学管理自身现状

第一节 从现代性文化到体育教学研究

一、体育教学背景

教育决定国家和民族的未来，是一个国家和民族最重要的基础事业，是一个民族强大的文化支撑力量。接受教育，已经成为一种社会常态。通常情况下，教育的方式和社会发展状况有着必然的联系，教育包含了时代特点、社会需求、人才培养等诸多信息和重要的内涵。社会要发展，就要跟随现代化发展潮流，同样，教育也要跟随现代化发展潮流。我国目前仍然处于向现代化转型的过程中，而教育也正在从传统教育向素质教育转型。

对于教育理论的研究，一直是我国教育学领域的重中之重，并且教育分支学科众多，引进的西方先进教育理论也是种类繁多。但是值得我们注意的是，以往的失败教训经验告诉我们一定要结合我国国情，一旦忽视了本土现有的文化，改革的结果将南辕北辙。在体育教学方面，由于近几年才刚刚被重视起来，相关的教学理论研究还没有取得专业的教学成果，因此我们应该积极参考其他拥有成熟教学理论的教育学科结果，从而有效地完善体育教学实践的学校体育教学理论。在参考其他成熟教学理论研究成果时，就如我国借鉴西方文化时，一定要注意本学科的教育环境与实际教学情况，找到发展我国体育文化建设的最佳路径。

说到体育教育，我们应该先要了解"体育"一词的来源。"体育"一词来源于西欧，后来随着各国的文化交流，在清代末期经由日本传到我国。体育的内涵是指身体的教育，是教育的一部分，是一种与维持和发展身体的各种活动有关联的教育过程。而我国学者韩丹根据国际体育联合会 2017 年发布的《世界体育宣言》内容，认为："体育是教育的一个组成部分。它要求按照一定规律以系统方式，借助身体运动和自然力的影响作用于人体，完成发展身体的任务。"

有关体育的名词解释有很多，国际体育名词术语委员会编印的《体育运动词汇》称体育为"系统地运用身体练习的一切形式，主要目的在于提高人的合乎社会需要的生物学潜力的活动"。由美国编印的《简明不列颠百科全书》称："体育系指为增强体质和获得增强体质的技能而进行的训练。"美国1961年版的《韦氏大辞典》称："身体教育旨在促进身体成长和保养，它用不同形式进行有计划的教育，一般来说，包括卫生、体操、各种竞技和娱乐游戏。"德国1965年版的《体育辞典》称："身体教育是按社会确定的目的，给每个成员身体发展以有计划的教育。"

我国学者韩丹经过以上的考察、分析、总结，将体育定义为人类活动的一种特定方式且属于教育领域，"就其练习本身来说是生理学的，方法是教育学的，效果是生物学的，组织和活动是社会性的，中心是人。它是为上述目的而广泛采用身体练习的一个基础领域"。

体育一词从日本传到我国后，经过了多次变化，被赋予了多种含义。目前，体育一词从广义上来看，指的是一种文化活动，通过活动身体来促进人的身心发展。这种文化活动包括群众体育、学校体育和竞技体育。从狭义上来看，体育指的是一种教育活动，通过教学对身体进行有序的练习，促进学生身心健康。欧美等发达国家将属于教育的体育以英文"physical education"、属于竞技的体育以英文"sport"、属于运动的则以英文"movement"分别予以对应。以上提到的狭义的体育概念实际上指的是学校体育，本书介绍的体育均属于教育范畴的狭义体育，至于"体育教育"，指的则是学校体育教学。

20世纪末，我国的教学理论开始进入快速发展时期。在这一时期，我国的教育教学研究者积极地借鉴国外先进的教学理念，并结合我国实际需求，多方位、多视角、多学科地分析我国学校教育教学的实际问题，其中就包括体育教学领域，我国的体育教学理论研究也因此有了突破性的发展。多位学者的研究成果，填补了我国体育教学"只有经验而无理论"的空白，使体育教学理论上有了发展基础。但仅仅如此是不够的，在世界各国全球化的形势下，我国教育教学的研究者还应该具备解决中国体育教学理论和实践等各种问题的能力与魄力。

2001年，我国通过对教育规模、教育力度、教育范围及教育重视程度等各方面进行前所未有的巨大改革，开启了我国教育的新篇章。本次改革不仅把西方先进的教育理念、教育技术、教育方法适当地融入中国教育教学中，还对原有的课程结构、课程功能、课程实施、课程评价和课程管理等问题进行了重新解读和建设，由此制订了全新的教学方案，形成了一套先进的教育模式。在此，我国新课程在理念、结构、师生关系等方面得以和国际接轨。此次改革虽然在各类学校得到了推广与实施，但由于教育理念和教育方法的变革，一些教师跟不上教育改革的脚步，无法迅速适应而不得不被动地推行新的教学方法。

教育改革实施后,我国各地学校积极响应,推行实施新的教学模式。然而,通过实地考察发现,很多学校在教学实践中仍然存在一些问题,因为教学方法并不适合所有的学校。一方面是形式化极为严重,一些教师过于注重形式而忽略了教育实质,只顾推广新的教学方法,却不顾学生的实际情况,教学质量肯定是要下滑的。例如,老师在课上讲课时间很短,内容少,只让学生自己思考,甚至不讲课,却将之称为"探究式学习"。另一方面是极端化现象严重,一些地区的老师在课堂上只讲解十几分钟,剩余的时间全部由学生自行支配学习,却将这种"放羊式"的教学称为"尊重学生的主体地位"。这些问题都客观反映了我国部分学校教师教学方式意识淡薄、课程观念落后、专业素质低下、课程资源匮乏等问题,没有专业的教学知识,也不重视教育成果,敷衍了事,也反映出我国教师缺乏专业知识,无法适应新的教学方法的问题。

虽然部分学校在体育教学方面存在一定的问题,但从整体发展情况来看,我国的体育教学正在积极努力地适应全球化发展趋势,跟随先进的教学方法,从传统的、封闭的教育观念向多视角、多方位的理念转化,逐渐打破了思想狭隘的学术堡垒,通过从不同方面发展体育教学理论体系,构建较为完善的体育教学体系内涵,进而促进国家的教育教学改革。根据体育教学的发展,研究的思路是以文化社会学、文化哲学、文化人类学及教育组织行为学等学科理论为基本观点,从文化的精神层面、制度层面及实践层面分析文化与教育及体育教学的辩证关系,整理和分析体育教学理论与实践中存在的问题,研究制约中国体育教学改革与发展的原因,诠释文化与体育教学之间的重要联系,试图寻找中国体育教学得以稳定快速发展的路径。

体育教学和一般教学的根本是一样的,拥有共同的本质要求和特点,因此,要研究体育教学和我国文化的关系,就要厘清文化、人和教育之间的相互关系。在这三者中,人是基本要素,这是因为不管是文化还是教育教学,其根本都是由人类创造的,是人类所特有的社会现象。而教育又是区分人类和其他动物的本质所在,所以说,要想让文化和教育的功能得以发挥,就离不开人类。换言之,离开了人类再谈文化和教育也就失去了意义。

"天下无可不教之人,天下无不可教之人",表明人不受教育是不行的,教育对人类影响深远,而人之所以要接受教育或者说人之所以能接受教育的理论根基在于人的文化性前提。因此,怀特曾指出:"人类行为是由两种独立和不同的因素构成的,一种是生物因素,另一种是文化因素。"人类行为与人的动物性行为并非同一个意思,只有那些运用符号或以此为依据的行为才算人类行为。人具有运用符号的动物本质,则使之接受教育成为可能,而动物的"教育"仅仅基于信号传递、条件反射,并未建立起符号与实际意义之间的联系。

二、体育教学管理自身现状

体育教学坚持以人为本，在现有基础上实施创新教育，就是要以学生为主体、教师为主导，充分发挥学生的主观能动性；不断改革教学内容、方法、环境，提高体育教学质量，促进学生身心健康、体魄强壮；大力提高学生的学习能力、创新能力，教育学生学会知识技能，学会动手动脑，学会生活，学会做人；倡导创新体育教学方法，如启发式教学、探究式教学、讨论式教学等，帮助学生掌握学习知识技能的方法，激发学生学习的好奇心，培养学生学习的兴趣，营造学生独立思考、自由探究、敢于创新的良好品质。

体育教学管理是按照体育教学规律的特征，对体育教学工作进行的计划、组织、控制、督导的过程。体育教学是学校体育工作的重要组成部分，体育教学质量的管理是体育教学管理的中心部分，因此体育教学管理以不断提高教学质量和增强学生体质为主要目的，实行全过程性管理。第一，教学中的正义。正义蕴含着平等观念，伦理学中的平等不是绝对的平等，而是指平等地对待每一个人。体育教学中正义体现在平等地对待每一位学生的人格，尊重学生的个体差异，因材施教，给每一位学生提供适合他们发展的机会，打造适合学生个人的教学方法。第二，体育教学中的人道主义。人道主义承认人类是最高的价值标尺，承认人作为人应该具有的一切地位，承认每一个人拥有追求自由、幸福和实现自己价值的权利。人道主义在体育教学中表现为尊重学生的生存权和发展权，尊重学生主体，确立面向全体学生和学生个体全面发展的价值观。第三，体育教学中的自由。自由一方面是人类的基本需要，另一方面是个人和社会进步的根本条件。自由对个人和社会进步有很大的作用。体育教学中的自由包含教师的自由和学生的自由两个层面。教师的自由包括专业学术自由和组织教学方式的自由。学生的自由包括学习自由、活动自由、人格自由和人身自由四个方面。第四，体育教学中的尊重。尊重既是伦理规范，又是道德观念。作为规范的尊重是指主体对被尊重对象负有的道德义务。体育教学中的尊重包括承认性尊重和评价性尊重两个方面。对教师的尊重是指对教师身份的尊重和对教师专业作用的尊重。对学生的尊重是指把学生的身心发展作为体育教学的目的，给予每一位学生应有的鼓励。第五，体育教学中的责任。伦理学中的责任包含两个方面的含义：一方面是指人的内在品格，是对自己的克制约束，是个人的思想道德约束；另一方面是指一个人应该承担的责任义务，是社会各方面对人的外在约束。体育教学中的责任表现在教学中的教师和学生对社会和国家负责，教师对自己的行为方式负责，对学生的身心发展负责。第六，体育教学中的关爱。关爱代表着爱护他人，关爱主张人们之间相互信任依赖和相互接纳友好。体育教学中的关爱包含着尊重，蕴含着公平。体育教师的关爱表现在对学生安全和个体需要的关注,以及对学生个体差异的尊重。

一个国家的体育教学发展状态,可以投射出一个国家、一个民族的身体素质水平,也可以反映出国家的社会精神面貌。体育教学不仅可以增强人民的身心健康意识,养成合理健康的生活方式,还可以增强民族团结,培养公民爱国主义精神和顽强拼搏的不屈精神。因此,在国家民族教育和学校教育中,体育教育都占据着至关重要的地位。当然,体育教学的最终目的是全面培育和创造能适应新时代要求的一代人,提高国民素质,增强国民体魄,促进社会健康发展。一个国家的体育教学会影响整个社会的发展,原因在于体育教学既是人一生掌握体育知识和锻炼身体的最佳帮手,还是学生从学校步入社会后,拥有良好生活习惯,坚持终身锻炼的关键。不管是体育还是体育与健康课程,我国的学校体育教学改革已经得到了国家的大力支持,广大人民群众也积极响应。在国家响应和支持下,我国的体育课程改革不断深化,教师的教学观念和教学方法也得到了一定的改善,在专业上有了较大的提高,合作学习、探究学习等现代教学方式已经可以熟练地运用到体育课堂教学中。

第二节 体育教学的软硬件设施现状

体育教学的软硬件设施是体育教学活动进行的物质基础。具体的体育设施包括体育馆、球类场地、游泳池、田径场、体育器材、图书资料等。

由于体育教学设施、设备对体育教学具有一定的影响,因此有关物质环境对体育教学影响的研究不断出现,其中最具有代表性的研究是由美国的安利公司发起的。其指出,一个学校的物质环境不仅能影响体育教师和学生的行为,还能影响他们对教与学的态度。充足优良的教学设施、设备,能够推动体育教学的实践,并能影响学生参与、教师与学生互动等。硬件环境作为普通高校体育教学的重要组成部分,能够通过自身的外部特征影响体育教师和学生的行为,并通过自身完整程度制约着体育教学活动的内容和水平,以及体育教学的设计与安排等。由此来看,设置、安排适合教学规律、适应学生身心发展规律的体育教学设施,既可以有力地促进体育教学的开展,又可以达到满足体育教学需要的目的。

有关体育教育的书刊和教材是学生了解体育项目和学习体育运动技巧的主要路径。通过阅读,体育教师和学生可以了解体育发展的方向和现状、体育研究的热点问题,以及有关体育的最新知识等。体育书刊使广大师生在业余时间获得更多的体育知识,丰富他们的生活,扩大师生的知识储备,并可以指导他们了解科学研究的重要性。体育教材是体育教师上课的实际理论依据,也是学生上课需要借助的学习工具,体育教师可以根据教材选择学生喜欢并且适合学生的教学内容，以及恰当的教学方法。通过对教材和书籍的学习，可以大大提高学生的积极性和主动性，增强其自信心。从其他角度来讲，教材和书籍对教师的素质和教学行为起主导作用，并且直接影响学生的体育学习，而且这种影响力最终会作用在体育教学水平上。专业的书籍、期刊能够辅助体育课堂教学，提高学生的起点，进而直接或间接地作用于体育教学质量。

在整个体育教学系统中，教师是不可或缺的因素，对教学活动和教学效果起着主导作用。教学相对论认为，"教"与"学"彼此对立却也共存，在整个教学进程中，教师采取的教学方式和日常行为对学生的学习效果乃至整个体育教学体系具有较强的影响力。这种影响力可以直接作用于教学体系，也可以间接影响教育系统。除此之外，体育教师是体育教育中不可替代的要素，教师对教学方法的选择在一定程度上会影响软件环境的配置，而软件环境则会在无形中影响教育效果。同时，体育教师的专业素养还对学生的体育学习行为和学习效果起着决定性作用。

相较于其他学科的教育教学活动来说，体育教学的开放性决定了它对体育教师的专业水平和知识积累具有更高的要求。在整个体育教学体系中，每个学生都是一个分支机构，代表着教学体系中的积极因素，需要借助体育教师的管理手段进行有效的引导。如果教师的管理手段运用得当，就能促进整个教学体系正常运转；如果教师的管理能力与教学要求存在较大差距，不仅会导致整个体育教学体系停滞不前，甚至有可能成为整个体育教学体系的"绊脚石"。所以说，科学的师生比例是确保体育教学最终取得实效的基本要素。

学生是体育教学的另一个主体，应该围绕学生的特点和需求科学地设计体育课程。教育教学效果最终都会直观地反映在学生的学习成绩上。大学体育教育体系常态化实际上是一个需要长期坚持的过程。它可以充分反映体育教师在体育教学中的教学表现、学生的学习表现，也反映了师生的亲密关系。也就是说，良好的体育教育氛围的呈现应该是体育教师的良好表现、学生的积极态度和师生之间的友好互动。有研究发现，科学的课堂教学项目有助于调动学生的积极性，进而大幅度提高教学效果。为了实现有效教学目标，专家和学者基于相关研究资料，习惯将课堂教学氛围定义为一般氛围、标准氛围和负面氛围三类。在体育课堂教学活动中，不同的课堂氛围对学生学习行为的影响往往是有区别的，并且会产生不一样的教学效果。因为在不同的课堂氛围中，师生关系、生生关系通常存在着微妙的差异，最终这种差异将直接反映在课堂教学效果上。

一些传统的教育精神和教学理念是一种集体行为理念，在一定意义上代表着高校的治学理念，是学校的安身之本。这种集体行为具有普遍性，同时也是一种相对稳定的、重复性的行为。M.斯考特·诺顿（M.Scott Norton）指出，学校的风气决定了学校的现状以及未来可能发生的变化。美国心理学家玛丽·班尼（Mary A.Bany）认为，优良的体育传统和体育精神能够对集体行为的动机和成就产生积极的影响。目前已有的大学体育教学实践也印证了这一理论。优良的校风能够对师生形成积极的心理暗示，通过提高学生的积极性和主动性激发学习动机。优良的体育传统和体育精神能够敦促体育教师以端正的态度对待体育教学活动，进而促进体育教育体系顺利运作。因此，良好的体育传统和精神将对体育教师、学生乃至体育教育系统产生微妙的影响。从上述体育实践和学者的观点来看，普通高校的体育传统和精神对学校集体和学生个体有积极影响，对体育教育系统也有一定的影响。

相对活跃的教学氛围有助于增进师生关系，提高学生的积极性，进而对学习效果产生积极的影响。同时，可以实现师生之间的信息交互，提高体育教学的有效性。在这种教育环境中，体育教师可以根据教学目标适时地调整教学手段，优化教学设计，提高教学的有效性，同时使学生在体育课堂中投入更多的精力和热情，通过教学模式的优化设计以及师生的积极参与来达到预期的教学效果。

鉴于此，在体育课堂教学中，师生都应该投入较高的热情来参与课堂体育活动，共同缔造一种活跃和积极向上的教学氛围。特别是体育教师，应该根据教学目标，结合课堂教学情况，不断调整教学策略和教学手段。在课堂中，教师应该与学生密切沟通，随时了解学生的情绪和状态，提高体育知识的趣味性，充分调动学生的积极性和主动性。

体育教学过程实际上是一个信息传播与信息反馈的过程，而教学过程中的信息一般分为三类，第一类是体育知识信息，第二类是体育教育状态信息，第三类是教师与学生之间的交换的中介信息。第二类和第三类信息构成了体育教育的软件环境。第二类的体育教学状态信息，师生均为信息来源，在体育教学过程中教师指导学生，学生则在教师的指导下学习，并向教师实时反馈学习中的问题。这种"教"与"学"的过程本身就是一个信息交互的过程。而第三类信息就是作为以上两种信息交流的中介，使两种信息能够充分地进行交流，对以上两种信息交流产生保障或者防干扰作用。所以说，在体育教学实践中，应该先科学地对待以上三类信息，确保整个体育教学体系信息畅通。

教学意味着联系和沟通，体育也不例外。整个体育教育体系中不是只有单一的师生关系，还存在教师与教师、学生与学生之间的人际关系。这些关系均属于软件环境中的要素。体育教育中的关系是师生之间在整个教育过程中相互交流而逐渐形成的一种密切的关系。在《礼记·学记》中有这样一句话，"独学而无友，则孤陋而寡闻"。人际交往在体育教学中的重要性可见一斑。有的教育者按照不同特点的人际关系将高职院校的体育教育环境划分成几个关系要素，分别是个体间的关系要素、个体与群体的关系要素，以及群体与群体的关系要素。这三种人际关系是高校体育教学中人际交往的基础，也是体育教学中人际关系的具体体现。体育教学是一种双向的教学和学习活动。人际关系是实现体育师生之间良好沟通的媒介，它是直接实现良好的体育课堂氛围、学生热情参与的催化剂。总之，人际关系直接或间接地影响了体育教学的质量。

第三章 高校体育教学活动管理

体育教学活动是体育教育教学开展的重要和有效途径，因此对体育教学活动的管理是高校体育教学管理的重要内容之一。本章主要针对体育课堂教学管理、体育活动管理、体育训练与竞赛管理进行详细分析，旨在为科学组织体育教学活动、顺利实现体育教学目标、丰富学生体育学习内容和业余体育活动内容提供理论指导。

第一节 高校体育课堂教学管理

课堂是进行体育教学的主要场所，是学生获得知识的重要途径。高校学生所学到的大部分体育理论知识和实践活动都是通过体育课堂教学实现的。加强体育课堂教学的管理，对整个学校体育教学及学生自身的发展具有重要意义。

一、体育课堂教学管理概述

（一）体育课堂教学目的

当前，我国各级各类教学的主要目的和根本目的是促进学生的身心健康、全面发展，在这种教学总目的和总目标的指导下，我国学校体育教学的课堂教学目的主要包括以下几方面内容。

（1）使学生掌握体育文化、体育理论知识和体育运动技术技能。
（2）提高学生的健康素质和活动能力。
（3）培养学生对体育活动的兴趣。
（4）培养学生的终身体育意识。

在体育教学实践中，要达到上述目的，需要从以下几个方面入手。

（1）要树立正确的体育教学思想，由于现代社会的发展速度非常快，体育也渐渐变为娱乐和消遣活动，因此，这就要求树立以增强学生体质。培养学生的体育意识，掌握科学锻炼的手段和方法；帮助学生养成自觉锻炼的习惯，树立"终身体育"思想观念，从而对其身心全面发展起到积极的促进作用。

（2）在体育教学工作中，要对体育的多功能目标进行强化，从多个方面来将体育教育的功能充分体现出来。

（3）要建立起科学的体育教学评价体系。作为体育教学中的重要组成部分，教学评价对整个教学活动有着一定的导向作用。科学的体育教学评价要通过与体育教学的结果评价和过程评价有机结合起来，对整个评价体系进行改进，这对于体育教学目的的实现是较为有利的。

（二）体育课堂管理内涵

纵观国内外对于课堂管理的研究，众多学者的侧重点不一，但都强调对于课堂的管理应包括以下两种取向。

（1）强调对学生的监督和控制，即强调学生必须在课堂教学中遵守纪律和规范。重点在于控制与维持。

（2）强调对学生的引导和激励，即强调学生在课堂教学过程中的主体性，强调学生的积极、主动参与。重点在于激励与促进。因此，可以认为，体育课堂的管理是指通过采取适宜的方式与策略。有效调控体育课堂中诸因素，以师生的互动为中介，以学生的自我控制为基本目的，最终促进体育课堂教学活动的顺利开展。

（三）体育课堂教学管理要求

1. 树立正确的教学思想

在体育课堂教学管理过程中，要树立符合社会发展规律、符合体育发展和认识规律、对体育教学有指导意义的思想。

随着现代社会的不断发展，体育渐渐变为娱乐和消遣活动，人们终身锻炼的需要日渐强烈，其终将成为人们的基本需要。因而运用科学的方法以多种手段进行锻炼，是学生有效地增强体质的必然需要。因此，科学的体育教学目标和教学观就是要增强学生体质，培养学生的体育意识，掌握科学锻炼的手段和方法；帮助学生养成自觉锻炼的习惯，树立"终身体育"思想观念，促进学生身心健康的全面发展。

2. 突出体育教学管理特色

当前，经过一段时间的发展，我国的体育教学管理水平取得了很大的进步，并且已有一些体育教学管理的特色确定下来，这主要在以下几个方面得到体现。

（1）体现在指导思想管理方面，主要是指把育体与育心、社会需要与学生需要、校内体育教育与社会终身体育有机结合起来。

（2）体现在教学内容管理方面，主要是指将民族性与国际性、健身性与文化性、实践性与知识性、统一性与灵活性有机结合起来。

（3）体现在教学的宏观控制方面，主要是指将行政管理与业务督导、统一要求与分类指导有机结合起来。

（4）体现在体育教学评价方面，主要是指把基本评价与专题、特色评价结合起来。

（5）体现在教学过程管理方面，主要是指将教师主导作用与学生主体作用、以理施教与以情导教、教学的实效性与多样化、严厉的课堂纪律与活泼的教学气氛、激发学生兴趣与培养刻苦精神结合起来。

3. 强化体育的多功能目标

现阶段，强化体育的多功能目标是体育教学的客观要求，是体育教学科学化管理的必要条件。要实现这一目标，应做到以下几点。

（1）切实依托体育教材开展体育教学，在体育教学实践中，学校体育课教材内容的选择，既要考虑其生物性价值，也要考虑其教育性功能，将科学性和实效性相结合。教师要将身体锻炼知识、运动技能和手段的掌握、健康水平评价、运动技术原理等合理地贯穿在教学过程之中，使之有机结合，适应体育与健康教育相结合的发展趋势。

（2）体育教师应敢于突破传统模式的束缚，善于运用多种方法发挥学生的主体作用。实现"快乐式"体育教学与"磨难式"体育教学的有机结合。

（3）体育教师在上课期间要注意传授知识，使学生掌握技能，从而培养学生的健身意识，介绍自我锻炼的方法；课后要注意引导学生自主或有组织地进行锻炼，逐步实现健身意识、锻炼手段和方法等分类目标。

4. 提高体育教学质量和效果

在体育教学中，加强体育教学管理主要是为了提高教学的质量和效果，而加强体育教学的管理，不仅需要落实到整个体育教学活动过程中，同时还要在高校教学管理的所有环节中得到有效的落实。除此之外，在体育教学过程中还应将体育教师的管理主体作用充分发挥出来，并将其他的教学因素控制好，从而使体育教学活动的顺利进行得到保证。

5. 建立科学的教学评价体系

教学评价是体育教学中的重要组成部分，对整个教学活动起着一定的导向作用。科学的体育教学评价的建立应从以下几个方面着手。

（1）科学的教学评价必须应有效指导体育教学活动。

（2）科学的体育教学评价既要客观地评价体育教学的结果，也不能忽视整个体育教学过程。

（3）体育教学评价要反映学生在学习过程中提高的幅度和可能产生的深远影响，纠正以体能来反映体质状况，以技能反映教学效果的以偏概全的评价方法。

（4）结合体育教学的结果评价和过程评价，改进整个评价体系，有利于实现体育教学的目的。

6. 加强体育教学管理的科学性和专业性

体育教学活动包含的内容非常多，且非常复杂，同时还具有很强的专业性。鉴于此，就要求体育教师在教学的过程中，要对体育教学的机制进行准确把握，并进行渗透化管理，同时还要对管理的效果进行定期或不定期的检查，从而建立科学有效的体育教学管理机制。

二、体育课堂教学管理的原则

（一）主体性原则

体育课堂教学管理的主体性原则主要是指在体育课堂教学中，要始终坚持"以学生为主体"，学生是体育教学活动的主体，是课堂教学的主体；教师在体育教学活动中处于主导地位，起指导作用。教师应根据学生的主体需要和特点来合理安排教学活动。具体来说，在以学生为主体的高校体育教学中，课堂教学应包括三方面的内涵：首先，从师生地位角色来理解，学生是体育课堂教学的主体，教师为主导，"教"应为学生的"学"服务；其次，教学活动要围绕学生展开，也就是说课堂中学生活动要占大部分时间；最后，在课堂教学中，教师应该采用启发式、发现式教学方式，以激发学生的主动性与创造性。

在体育教学中，体育教师应引导学生积极主动地学习，充分发挥学生的积极主动性、自主性和创造性，从而提高教学的质量和效果。教师贯彻和遵循发挥学生主体性原则，需要注意以下几点要求。

（1）树立学生主体观和以学生为宗旨的教育观，以引导为主。确立为学生的"学"而教的理念，更好地为学生服务。

（2）制定完善的体育教学方案，提高学生参与教学活动的积极性，在教学过程中应做到学、练、问三者的结合，学习与创新相结合。

（3）引导学生学会学习，学会自我解决问题的方法。为学生提高发现问题和解决问题的能力提供一定的帮助。

（4）因材施教，在体育教学中教师应充分考虑学生的个体差异，对不同的学生采取不同的教学方法，在统一发展的基础上促进学生特长的发展。

（二）全面发展原则

全面发展原则是指通过课堂教学使学生的身心都得到全面的发展。我国新的《体育与健康课程标准》提出了运动参与、运动技能、体能与身体健康、心理健康与社会适应各方面目标，这四个目标的基本思想都是协调发展学生身心健康。因此，在高校体育教学实践中，体育教师也应以《体育与健康课程标准》对学生的发展要求为基础，不仅要帮助学生掌握运动技能，发展学生身体素质和体质健康，而且要促进学生的健康心理发展与完善其人格品质，更要重视学生德、美、智素质的培养。通过对学生全面素质的培养提高学生的社会适应能力。

在体育课堂教学实践中，教师贯彻全面发展性原则，就要求体育教师的课堂教学活动做到以下几个方面。

（1）教学内容选择上，体育教师要充分发挥积极能动性和创新精神，挖掘运动项目给学生带来的心理、社会价值。

（2）教学设计过程中，不仅要考虑让学生掌握好运动技术，还要培养学生心理品质和社会适应能力。比如可以通过设计不同起跑点培养自信心，通过团队合作来培养学生与他人很好地相处的能力等等。

（3）教学评价方面，教师和学生要在教学过程中共同成长，体育教师不能单一地从体育运动技能去考评学生成绩，而应该从教师和学生身心发展的多维度去评价"教师的教"与"学生的学"的质量。

（4）重视教学创新。体育教师要将其自身的能动性和创新精神充分发挥出来，对运动项目给学生带来的心理、社会价值进行积极的挖掘。如长跑既可作为提高学生心肺功能的项目，又可以作为锻炼学生意志的手段。

（三）兴趣先导原则

让学生得到快乐的同时又能学到体育文化知识和运动技能，并养成良好的自我体育锻炼的习惯，这些对于学生主动学习体育兴趣的提高都是有帮助的。需要强调的是，由于体育教学不只是为满足学生兴趣而开展的，因此，这就要求在培养学生体育兴趣的过程中，要能使学生形成更高层次的兴趣。兴趣是学生学习的最根本动力。教师在体育课堂教学过程中要善于培养学生学习体育的兴趣，让学生在愉快中学习，使学生的运动技能在兴趣活动中得到强化。学到体育文化知识和运动技能，并养成良好的自我体育锻炼的习惯。这便是兴趣先导原则的主要思想。

在培养学生体育兴趣的过程中，兴趣先导需要体育教师根据学生不同阶段、水平的兴趣特点进行教学设计，目的在于培养学生的体育兴趣与运动技能，要能使学生形成更高层次的兴趣，因为体育教学不只是为满足学生兴趣而开展。如果学生学习体育的兴趣只停留在低级阶段，那么过了一定时间之后，这种兴趣将逐渐消失。这样就难以促进教学质量的提高。因此，在培养学生的体育学习兴趣时，体育教师应注意以下几点。

（1）广泛了解学生的体育兴趣，并针对学生个体的不同兴趣来选择和安排多样化的教学。

（2）设计能促进学生学习兴趣的教学方案，以引导学生的学习兴趣向正确的方向发展，在教学中要善于捕捉时机，因势利导，积极强化学生的兴趣。

（3）从学生的未来发展方面，重视学生更高层次兴趣的培养，并结合学生兴趣开展体育教学活动。

（四）循序渐进原则

所谓的循序渐进原则是指在体育教学中，教师要根据学生的年龄和性别特征，合理地选择教学的内容、手段与方法，并遵循系统性和连贯性要求，使学生按照客观规律，在牢固掌握知识、技术、技能的基础上逐步提高自己的技能。

体育教学的客观规律决定了在体育教学中，教师的教学设计和教学活动开展必须遵循循序渐进原则。循序渐进是巩固提高的基础。具体来说，体育教师在教学中，要根据学生的年龄和性别特征，合理地选择教学的内容、手段与方法，并遵循系统性和连贯性要求，使学生按照客观规律，在牢固掌握知识、技术、技能的基础上逐步提高学生的运动技能。

循序渐进、巩固提高原则要求教师在体育课堂教学中应做到以下几点。

（1）在安排教学内容时，体育教师既要考虑该运动项目技能形成的顺序，由易到难、由简到繁地设计；又要考虑项目之间的关系，使前一个项目的学习有利于后一个项目的学习，要帮助学生循序渐进地学习。

（2）在体育教学中，体育教师在交替安排负荷不同的体育课时，要注意保持一定的节奏。后一次课的生理负荷应安排在上一次课后的超量恢复水平上，而且生理负荷总的来说是呈逐步提高的趋势的。在体育课堂教学过程中，安排学生生理负荷一般要采取波浪式的、有节奏的逐步提高，待学生的身体完全适应某一运动负荷后再逐步提高。就体育教学的某一个阶段或时期来说，教师进行体育教学，应有节奏地交替安排负荷不同的体育课。

（3）在体育课堂教学过程中，针对学生难以掌握的技能，教师教学安排的时间应该相对多一些，待初步形成动作的动力定型后再进行下一步的教学。

（4）为了完善体育课堂教学，促进学生运动水平和技能的有序和持续发展，体育教师要提高自身素质，特别是运动心理和运动生理等素质，这是非常重要的。良好的教学素质是教师施教的基本前提和重要基础。因为教师只有具备了良好的素质，才能了解学生身心发展规律和特点，了解各项教材的系统性及各项教材之间的相互关系，才能优化体育课堂教学过程和效果。

（五）因材施教原则

新的课程标准要求教育以人为本。因此，体育教学课堂管理也应该是以人为本，体育教学对象是人，而不是标准件，人是有思想的、有情感的，思想和情感是非常复杂的，高校学生之间必然存在着个体差异。高校学生之间的差异性要求教师在组织教学时既要面向全体学生，统一要求，又要根据学生身体素质、基础条件等差异区别对待，做到因材施教。

在体育教学中，教师要真正做到根据实际情况，因人、因地实施教学，必须做好以下教学工作。

（1）要深入了解学生对体育的认识，并且以学生的兴趣爱好、体育基础、健康状况、身体发展等方面为主要依据，将其共同点和差异所在找出来，从而更好地贯彻区别对待、因材施教的基本原则。

（2）教师要重视每一名学生运动、技能水平的发展和提高。在制订体育教学计划和确定体育教学目标和要求时，应确保其切合学生的实际情况。例如，对于身体条件好而有体育特长的学生，要努力创造条件，对其提出相对较高的要求；而对于体质弱、基础差的学生，应适当降低要求，辅助力争使他们在原有基础上有所提高。正确为全体学生的共同提高起到积极的促进作用。

三、体育教学文件的管理

体育教学文件是指国家的教育方针，上级部门颁发的各种有关教学法令、条例、规定、指示、规划、制度和体育教学大纲，同时，学校体育教学的工作计划、教学进度安排、单元教学工作计划和教案等也属于这一范围。体育教学文件在体育教学中也具有非常重要的作用，它对体育教学活动具有重要的指导作用，因此，加强体育教学文件的管理能够使教学活动顺利。

当前体育教学文件的管理需要遵循一定的步骤，具体如下。

（一）分析教学客观实际

教学文件对体育教学有一个方向的指导作用，体育教学管理应符合教学实际，因此对于教学文件的内容要进行合理选取与参考。在体育教学管理中，第一个步骤就是学习研讨，其具体的操作程序是：提出教学文件管理的指导性意见，并组织学习研讨。对体育教学文件进行管理的主体是体育机构和体育教研室。

体育教学文件管理过程中，在制定具体的教学文件前，要求体育机构和体育教研室（组）必须按照上级主管部门对本校体育教学活动的有关要求对体育教学文件的制定方向给予指导性意见，换句话说，就是要在体育教学文件当中将教学的指导思想、任务、质量和时间等充分体现出来。另外，体育机构和体育教研室（组）还应组织学校的体育教师对教学计划进行仔细的分析和研究。特别应对教学大纲进行仔细的研讨，这样能够通过与学生的实际情况和《国家体育锻炼标准》《体育合格标准》等相关制度的要求相结合，从而保证制定出的体育教学文件与本校校情相符。

（二）制定体育教学文件

制定体育教学文件是体育教学文件管理的第二个步骤。具体来说，这一步骤是在高校相关部门和人员在进行仔细的研讨之后，就可以对教学文件做好具体的规划。

在制定教学文件的过程中，教育机构或教学主管部门需要印制一份统一的教学计划表格，这样不仅能够使制定过程更加规范，同时，这对于制定后检查工作的开展也是较为有利的。

一般来说，在初步完成教学文件的制定后，学校应组织具体部门集体讨论与审议，协调与调整教学计划中场地器材的安排和各年级教材出现时间的顺序等。在计划文件制定完成后，学校相关部门还要进行审核和批准程序，从而使教学文件具有可行性和科学性及其顺利实施得到保证。

（三）教学文件的实施与调整

待体育教学文件审核批准通过后，就需要实施教学文件并对其进行适当的调整，这是体育教学文件管理的第三个步骤。

在实施体育教学文件的过程中。体育教学工作者必须严格规范执行过程，不能随意变动。相关部门要对文件落实情况进行必要的检查。假如发生特殊情况阻碍教学计划的正常实施，可向教研室（组）申述，有关领导应考虑具体情况，对教学文件进行及时的调整，从而使教学实际的需要得到满足。

（四）教学文件的分类与整理

体育教学文件的分类整理是对高校体育课堂教学文件的后续管理。其具体的操作内容是将各类教学文件进行分类整理，并存档保管，以备日后的查询、参考与研究。

四、体育教学的教务管理

体育教学的教务管理主要是由学校的教务部门统一实施的，这一管理过程需要体育教研室的主动配合。一般来说，体育教学教务管理的步骤主要有以下几个方面。

（一）编班

编班在体育教学中具有重要地位，它是教学管理的重要内容之一。在具体编班的过程中，应与每名同学的具体实际相结合，同时要注意以下两点。

首先，我国学校主要采用混合编班的形式。在混合编班的过程中，学校应最大可能地将各班体育基础好与差的学生和男女学生比例安排好，从而使其共同发展得到保证。

其次，编班过程中要对不同学生的合理搭配引起重视，从而使体育教学活动的顺利开展得到保证。

（二）安排课表

在安排体育课表时，为了保证课表的可行性和合理性，需要对以下几个方面引起注意。

（1）体育教学是以肢体活动为主要内容的教学活动，需要学生在活动中保持高度的注意力。因此，在安排体育课的课表时，要求学校最好将体育课安排在上午的第三节和下午。

（2）同一个班每周的各次体育课之间的间隔时间保持在合理的范围之内。

（3）如果教学的进度相同或者内容一致，可将不同的班级统一起来上课，但是，要对一次课教学的人数进行有效的控制。

（4）要有效地布置和使用器材，使用过程中还要对器材的保养引起重视。

（三）课堂教学控制

体育课堂教学活动的顺利开展是体育教学目标实现的重要前提，也是完成整个体育教学计划的重要基础。因此，这就要求体育教学工作者，尤其是体育教师，在对课堂教学的控制方面引起高度重视。

对于课堂教学的控制应以学生的健康发展为中心指导思想，并充分考虑体育客观教学环境与条件。例如，体育课堂教学文件的制定对体育教学实践起着积极的导向作用，而在体育教学的实践过程中，已经制定完成的教学计划常常会和教学的实际情况产生矛盾。这就要求体育教师在教学过程中要及时发现上述问题并及时控制体育课堂教学中产生的各种矛盾，以便于体育课堂教学活动的顺利开展。

管理学认为，在管理系统中，控制的职能发挥是以一定的机构为基础的，但在高校体育课堂教学的控制过程中，控制机构往往并不是单独成立的，而是和体育教学部、教研组、器材室等组织机构是同一个。因此，这样往往就会导致一个组织机构担负多种职能，这会在一定程度上阻碍体育课堂教学的控制职能的发挥。因此，对课堂教学的控制一定要职责明确，责任到人，重点将体育教师的管理和控制职能发挥出来，以实现对体育课堂教学的有效控制。

五、体育课堂教学过程管理

（一）课前备课管理

备课管理是体育课堂管理的重要内容，体育教师进行教学，必须要备课。因而，管理者要对教师备课提出具体要求，如教案规范、详略程度等。另外，学校相关方面的管理者要定期或不定期对体育教师的教案进行评比，或者可以组织一定的集体备课来提高教师的备课规范性。

1. 体育教师的备课管理

体育教师在备课时,要做好以下工作。

(1)仔细钻研教材。教材是体育教师上课的主要依据。因此,体育教师要善于钻研教材。仔细研究体育教学大纲(课程标准),根据体育教学目标及各单元、本节课的具体教学目标来领会教学的基本要求,把握教材的体系范围与深度。在此基础上,研究多项教材的重点与难点,以及其前后的联系,做好总结工作。

(2)深入了解学生。体育课堂教学的目的是促进学生身体素质的发展。要实现这一目的,体育课堂教学活动就必须切合学生的实际。因而,体育教师要全面了解学生的知识基础、身体健康状况、认知能力、运动能力水平,以及学习态度、兴趣需要及个性特征。

(3)合理组织教法。教学方法是体育教师完成课堂教学任务的重要途径,在体育课堂教学过程中,体育教师要根据教材性质、教学任务的要求,以及学生的情况、场地器材条件,确定体育教学活动的类型和结构,并据此选择和设计合理的课堂教学方法。

(4)认真编写教案。教案,也就是课时计划,是教师进行课堂教学的直接依据。教师在编写教案时,为了保证教案的质量和可行性,需要对以下几个方面引起重视。首先,应根据教学大纲的要求和学校的有关规定编写,体育教师应根据学生的实际情况,如体育基础、体育骨干、伤病情况等备课,同时要考虑到场地、器材的实际情况等,并如实详细记录;其次,编写教案要规范,备课的详略程度应当合理;最后,备课文字精练、准确,教法运用正确。

(5)充分准备场地、器材。场地和器材是辅助完成体育教学的必要物质条件,是上好体育课的物质保证。在体育课教学前,教师要自己或组织学生帮忙准备好场地、器材,并合理规划场地和布置器材。

2. 学校教学管理者的备课管理监督

(1)对教师备课提出具体要求,如教案规范、详略程度等。

(2)定期或不定期对体育教师的教案进行评比,或者可以组织一定的集体备课来提高教师的备课规范性。

(二)课堂教学管理

体育课堂教学的上课管理同样需要从体育教师和体育教学管理者两个方面入手,保证体育课堂教学顺利进行。

1. 体育教师的上课管理

在体育课堂教学中,教师既是体育课的教学者,又是管理者,因而教师的上课管理直接决定体育课的质量。体育课堂教学以集中学生教学为主要方式,每一堂教学课的开展，很多学生都是在体育教师的组织安排下进行传授和学习，因而对教学课的组织管理有一定的要求。通常教师对体育课的管理主要包括课堂常规的建立、课的合理分组、场地器材的运用、安全措施的运用、做好思想政治工作、调度和运动密度强度的掌握、教学方法手段的运用、调动学生积极性，以及教师本人和学生的服装要求等。

具体来说，为保障课堂质量，教学课的组织与实施，在体育课堂教学中，体育教师应做好以下工作。

（1）明确教学目的。体育教学目的既是课堂教学的出发点，也是教学活动的最终归宿，因而体育教师必须明确教学目的，同时使学生对教学目的有一定的了解，以便使教学活动能有序展开。

（2）科学选择教学内容。教学内容是课堂教学的载体，是圆满完成教学任务的重要保障。正确的教学内容，应该体现出科学性与思想性的统一。

（3）正确选择教学方法。体育教学应遵循学生认知和身心发展的基本规律。一般来说，教师的课堂教学要以启发式教学为主，教学方式应该具有灵活性，可以充分调动学生学习的积极性，将传授知识与发展智力、教书与育人、统一要求与因材施教结合起来。

（4）严密组织课堂教学。课堂教学就是要实现"教"与"学"的密切配合，因此，教学活动要结构紧凑，科学地分配时间，以提高教学效率和优化教学效果。

2.学校教学管理者的上课管理支持

上课是教师教学和学生接受知识最为重要的形式，高校管理者应给予体育教师一定的支持，从而为体育教师顺利地完成上课管理起到积极的促进作用。

（1）高校相关部门要对体育课的教学给予与其他文化课程一样的关心与支持，并提出相关的要求。

（2）高校相关部门及领导应积极主动地深入课堂，对体育教师的教学情况进行充分的了解，使对体育课的检查与督导力度进一步加大，同时，应积极组织一定的示范课、公开课、研究课等多种课型，并对其进行积极的探讨。

（3）高校要尽最大可能为体育课提供必要的条件，为体育教师及时解决教学过程中产生的各种问题提供相应的帮助，从而为体育教师创造良好的教学环境，促进教学水平的提高。

（三）课后教学管理

首先，按时下课，在教学课结束后，体育教师应做好本次课的总结工作（体育实践课中帮助学生做好整理活动），让学生展开讨论。根据学生的意见和建议，有针对性地安排好下一次课。

其次，组织学生收回器材、整理场地，在整理体育器材的过程中，应分门别类放置器材。例如，金属的和非金属的分开放；常用的和不常用的分开放；大型器材和小型器材分开放；篮球、排球、足球、铅球等要上架；服装、小件器材要入柜；羽毛球拍、网球拍等要悬挂整齐；所有在教学过程中使用过的体育器材都要当面检验，做到如数、完整、完好。

（四）教学考核管理

教学质量的提高与加强体育教学考核有着不可分割的重要联系。高校体育课成绩的考核管理主要包括以下两个方面。

1. 体育教师对体育课成绩考核的管理

高校体育教师对学生体育课成绩考核的管理工作主要包括以下三个方面的内容。第一，体育教师应以学校和体育教研室及有关机构的要求为主要依据，认真组织体育课成绩考核的实施。第二，体育教师应对成绩考核的办法与标准熟练掌握，公平、公正、合理地开展学生的实际测评。第三，体育教师在体育课成绩考核结束后，应尽快做好学生成绩的登记工作，并按规定程序将成绩上报给学校的教研室及相关部门。

2. 体育教研室（组）对体育课成绩考核的管理

高校体育教研室（组）学生体育课成绩考核的管理以体育教学大纲和教学计划的相关规定为主要依据，通过与学生的实际情况相结合而进行的。具体来说，其包括的内容主要有以下几个方面。

（1）对体育课成绩考核的项目、内容、评分标准、计分方法和评定总成绩时各种内容所占的比例等组织讨论并负责制定工作。

（2）对体育教师进行检查和监督，要求体育教师必须正确对待考核工作，将合理的、科学的评分标准与方法制定出来，将评定尺度统一起来，将体育课成绩的考核认认真真地完成。

（3）对各班体育课成绩登记表进行积极的审核，尽快报送教务部门，及时建立学生的成绩档案。

（4）根据学校有关规定，审核并组织体育成绩不及格的学生进行补考。

（五）意外伤害事故管理

身体实践在体育教学中占有很大比例，在体育教学中难免会遇到意外事故的发生，因此，做好学生的意外伤害事故管理很有必要。

1. 体育教师的课堂事故管理

（1）合理组织教学过程，尽量避免学生发生意外伤害事故。

（2）针对轻伤者，应及时送往医务室治疗，在课堂教学中受重伤的或危及生命的应立即转送医院抢救。

（3）发生重大的意外伤害事故时，应立即通知家长、学校集导和当地派出所或有关部门。

（4）对于意外伤害事故，教师应详细汇报伤害事故发生的时间、地点、原因、后果与处理措施等具体情况，必要时保留人证和物证。

2.学校的体育教学事故预防及处理

（1）学校要根据国家和教育部门规定，确保教育教学训练的设施、设备符合安全标准。

（2）学校要监督教师履行职责，根据实际情况采取必要措施。

（3）学校要根据学生的具体情况，建立健全各项管理和保护学生安全的规章制度，活动场所和设施应当符合安全标准。

（4）学校应做好教学活动安全的检查工作，将危险因素尽早消除。

第二节 高校课外体育活动管理

一、课外体育活动的概述

（一）课外体育活动的概念

课外体育活动是指课前、课间和课后在校内进行的，以全体学生为对象，以促进学生的生长发育，增进学生健康，满足广大学生多种身心需要为目的的体育锻炼活动。

课外体育活动的主要目的是促进学生全面发展，具体来说，是促进学生身体、心理和社会适应能力和谐发展，主要内容是各类保健操、健身活动。

（二）课外体育活动的特点

1.多向性特点

课堂体育活动的目的是任务具有多向性。通过体育课外活动完成学校体育的任务，达到学校体育的目的。不同学生参与体育锻炼的目的不同。如有些学生是为了促进身体健康，有些则是为了提高技能水平，还有可能只是为了通过考试等，这些导致课外活动的目的任务具有多向性的特点。因此，学校通常通过建立一系列的规章制度，采取相应的措施，使每一名高校学生都能积极参加各种各样的体育课外活动，进而促进身心健康发展。

2.多样性特点

体育内容丰富、形式多样，因此课外体育活动也具有内容丰富和形式多样的特点。

体育课外活动的内容在依据学校统一计划安排外，还应充分考虑学生兴趣和积极性。目前，有很多适合时代潮流，同时又迎合了学生锻炼和参与兴趣的新兴体育运动项目出现，这些运动形式和内容正在积极开展和在学生中推广。

3. 灵活性特点

体育课外活动的灵活性具体是指课外活动组织形式应该是灵活多变的。体育课外活动的性质决定了其形式的灵活性。学生之间存在个体差异，如年龄、性别、爱好、身体素质、运动基础等的差异，要想统一开展活动是不切实际的。因此，需要采用灵活多样的组织运动形式来满足学生的不同需求。

二、课外体育活动的管理准备

（一）制订活动计划

1. 全校性体育活动计划

全校性体育活动计划的制订前，应由体育教研室或体育教研组总结过去经验，广泛听取意见，然后报学校主管领导批准。全校性体育活动计划制订要以学年或学期为单位，主要内容包括体育课外活动的指导思想与目标，早操、课间操、大课间活动、年级活动、班级活动和体育俱乐部的具体活动形式、内容及管理等。

2. 年级体育活动计划

年级体育活动计划的制订要依据学校体育课外活动计划以及本年级学生身心发展的特点、体育基础、运动水平等，合理安排适合学生特点的体育课外活动。

3. 班级体育活动计划

班级体育活动计划应在班主任、体育教师的指导下，由班级体育委员在征求全班同学的意见和建议后制订，计划内容应包括活动的目标、内容和形式，活动的时间、场地、器材等。

4. 俱乐部体育活动计划

俱乐部活动计划应有专人负责，如负责活动指导的教师。由于俱乐部承担着多种任务，俱乐部活动计划相对复杂些，需要管理者做到统筹兼顾。

5. 小团体及个人体育活动计划

小团体活动计划自由度高，因此在制订活动计划时比较有困难，尤其是针对一些不稳定的团体组织，更不可能制定详细可靠的计划。因此，活动计划仅供方向上的参考，具体体育活动过程应灵活处理。

（二）建立管理规范

根据学校体育课外活动的计划，由主管校长带头，召集相关部门将体育活动管理制度纳入学校作息时间内规范管理，同时建立与之配套的工作规范。

（三）明确管理职责

1. 校领导的管理职责

鼓舞学生积极投身锻炼，同时可以主动参与加入活动，亲力亲为，到活动场地参与活动，亲身体验了解体育课外活动的开展情况，以发现问题和解决问题。

2. 体育教师的管理职责

体育教师应组织安排全校展操、课间操、大课间活动等的内容，并协助班主任组织好所带年级的活动等。

3. 学生干部的管理职责

在体育课外活动管理中，学生干部起着重要的组织管理和带头作用。因此，学生干部应以身作则，组织并带动全体学生积极、主动地参加课外体育活动。

三、课外体育活动内容的管理

课外体育活动的内容主要包括早操、课间操，班级体育锻炼，体育节、节假日体育等，因此，学校课余体育训练管理主要是对上述体育活动内容的管理，具体如下。

（一）早操、课间操

对学生的课间操、早操的管理与组织应依照学校的实际情况而定。具体来说，主要包括以下几方面的管理工作。

（1）项目管理。在课间操、早操的项目内容的确定上，学校可运用统一安排和自选相结合的方法进行管理。

（2）器材管理。在课间操、早操的场地器材的安排上，学校可运用集体与分散相结合的方法进行管理。

（3）人员管理。现阶段，学校主要是运用学生干部、班主任、体育教师相配合的方法进行管理。在管理上，班主任、任课教师应互相密切配合；要注重发挥学生干部的作用；要做好课间操、体操的宣传教育工作，帮助学生充分认识"两操"的重要作用，并使其能成为一种自觉行为。

（4）活动效果管理。为了提高课间操、早操的活动效果，可运用平时考勤与抽查评比相结合的方法进行管理。另外，还可借由会操表演、运动会等方式提高课间操、早操的管理质量。

（二）个人体育活动

个人体育活动是指学生个体，根据自己的兴趣、爱好、需要，按体育锻炼的方法要求，自觉自愿地选择相应的体育活动项目，在课外单独进行的体育锻炼活动。

针对学生的个人体育活动，体育教师应尽可能地配合，通过指导、咨询、协调等形式介入其间，鼓励、启发学生有计划地进行体育锻炼，并能持之以恒。此外，体育教师应耐心引导、启发学生根据班级课外体育活动计划，结合学生个人的实际，有针对性地做出具体的体育活动计划安排。

（三）班级体育活动

班级体育活动是以班级为单位分成若干小组的方式来进行的，这些小组在班干部和小组长的带领下开展具体的体育训练活动。由于班级体育锻炼在时间、内容、组织和生理负荷等方面都提出了许多要求，所以，学校在进行班级体育训练的管理时，在训练内容的选择上，可将训练与体育课教学内容结合起来，以"标准"为中心选择具体的项目开展训练。

教师对于班级体育活动的管理应非常重视，管理过程中应注意总体性和宏观性的把握，并注意发挥学生干部的作用。

学生干部应在班主任、体育教师的指导下，班级体育委员征求全班同学的意见和建议后制定活动计划，组织落实班级体育活动。总之，要形成一个良性的体育活动关系与氛围。

（四）年级课外体育活动

年级课外体育活动计划通常是由体育教研室或体育教研组负责整个年级体育教学的老师和年级主任或组长协同完成的，适合规模较大、学生较多的学校。

针对学校年级课外体育活动的管理，要充分考虑学校课外体育活动的计划以及本年级学生身心发展、体育基础、运动水平等特点，以保证年级课外体育活动的组织和实施适合本年级学生的特点和需求，科学开展。

年级体育课外活动的实施方案应由年级体育教师会同年级主任和各班班主任协商编制后实施。

（五）体育俱乐部活动

校园内的体育俱乐部活动是最近几年非常流行的体育课外活动组织形式。学生可根据自己的体育特长、兴趣爱好自愿加入组织。目前，我国学校体育俱乐部的形式主要分单项俱乐部和综合俱乐部两种类型。

体育俱乐部通常是高校根据自己的场地设备、师资力量、体育传统优势等因素筹建的。体育俱乐部活动的管理应由专门负责人负责，根据学校体育工作的总体规划和课外体育活动计划确立活动目标、运营方式、人员安排等。同时，体育俱乐部应做好经费筹措、场地器材设备的合理配置等工作。运营经费以学生会费和社会赞助为主。

（六）校园体育活动

校园体育活动主要包括学校结合本校的实际情况所举办的"体育节"的相关体育活动。常见的体育节有体育专题报告、体育讲座、体育知识竞赛、体育表演、运动会、体育游戏等。它主要包括校园"体育周"和校园"体育日"（健康日）两种形式，具体如下。

（1）校园"体育周"。学校集中利用一周时间，对学生进行课余体育训练，或组织各种宣传教育、锻炼、运动会等活动。活动期间，学校可成立临时性指挥机构进行组织与管理，在管理过程中，要注意取得各有关方面的支持与配合，并做好充分预备与准备工作。体育周结束后，学校相关部门应注意做好后续管理工作。

（2）校园"体育日"。一般会占用一天或半天的时间，通常会与有意义的节日或体育形势（重大的国际、国内的体育活动）相结合。体育日期间学校可组织进行专题性的体育主题活动，开展体育教育和锻炼。在管理过程中，既可以组织全校性的活动，也可根据年级、班组灵活组织各种体育活动。

通常全校性课外活动的实施首先要征求各方面意见后报主管校长，经批准后方可实施。

第三节　高校课余体育训练与竞赛管理

一、课余体育训练管理

课余体育训练是为竞技体育培养后备人才的一种体育教育过程，目的是发展具有体育特长的学生的体能和身心素质，提高他们某项运动的技术水平，主要在课余时间安排训练。

（一）课余体育训练目标

（1）提高学生对体育的认识，使其掌握一些专项与非专项技、战术和知识。

（2）促进身体的正常发育，提高各系统器官的功能，发展体能。

（3）培养学生良好的体育道德作风和顽强的意志品质，为进一步的专项运动训练打下身体、心理、技术、战术和思想品质的良好基础。

（4）课余体育训练要使学生运动员在各类比赛中发挥最高运动水平，取得优异成绩。

（5）为提高运动技术水平输送优秀体育后备人才和群众性体育骨干服务。

(二)课余体育训练特点

(1)广泛性。只要愿意参加的学生,都能加入训练队伍,因此,课余体育训练具有广泛的学生基础。

(2)基础性。学生是课余体育训练的对象,他们处于生长发育的重要时期,在年龄特征、课余训练及运动训练方面有着一定的规律。根据这些规律,课余体育训练中应该将抓好学生体育素质和基本技术的训练。

(3)强负荷。在学校体育课余训练中,为了达到预定的训练效果,往往会增加训练负荷量。但这种大负荷是要从学生的实际情况出发,符合学生运动员机体和心理适应能力的。

(4)多样性。课余体育训练项目较多,训练内容具有多样性的特点。这是因为参加训练的学生具体情况不同,为了使每个训练者获得理想的训练效果,必须根据实际情况采用多样化的训练手段。

(5)业余性。学生的主要任务是学习,运动训练只是辅助。学生体育训练的主要时间是在课余,多在课后、节假日开展。

(三)课余体育训练形式

1. 学校运动队

学校运动队是课余体育训练最富有活力的训练组织之一。主要有班级代表队、年级代表队及学校代表队等。

学校运动队代表本校参加各种级别的比赛,提高运动水平。而在训练队的学生与本校其他学生又是紧密联系的,这使得学校运动队在普及体育运动知识和技术、促进学校课外体育活动开展等方面也能够起到积极作用。学校运动队特别注重选材,主要挑选学习努力、身体健康,并且有一定运动专长或具有培养条件的学生。

(1)运动队训练管理的主要内容

运动训练的业务管理、运动员的文化学习管理等,都是训练管理的主要内容。

①运动训练的业务管理:对运动训练过程进行专项技术能力形式的过程管理,就是所谓的运动训练的业务管理,具体来说,其管理的步骤主要包括以下几个方面:第一,规划目标及建立模型。第二,选拔运动员。第三,制订排球队的各类训练计划。第四,有效地组织和控制训练的过程。

②运动员的文化学习管理:文化教育与提高现代型优秀运动队伍素质、促进科学训练、提高运动技术水平和培养运动人才有着非常密切的关系。特别是现代社会,科技技术的进步对运动员的文化有着更高的要求。另外运动队文化学习的组织安排也使运动队的管理质量得到了有效的提高。具体来说,对运动队的文化管理的要求主要有以下几个方面:第一,建立一个健全的文化学习管理机构。第二,建立一套包括考勤、

学籍管理、奖惩等内容的完整的管理制度，并严格要求学生执行，坚决落实。第三，采取灵活多样的方式，对学习时间进行科学的安排，并将其落实好。

（2）运动队训练管理的注意事项

①教练要尽可能地将运动员的主观能动性调动起来。

②要让运动员对教练员设计的训练计划中的每一环节的作用和意义有充分的了解和认识。

③在管理的过程中，要善于听取运动员的不同意见，根据不同意见来使管理程序进一步完善，从而使他们自觉地、积极地执行训练计划，加快他们成才的进程。

④教练员还要善于创造训练气氛和环境，严格要求、严格训练。

2. 体育特长班

体育特长班多在中小学校出现，主要是针对有运动天赋的学生进行特殊培训而形成的课余体育训练形式。体育特长班由学校组织教师或教练员，招收本校或周边学校中有一定体育特长的学生来进行课余体育训练。一般体育特长班采用的是自愿、业余的方式，有的学校会采用有偿训练的方式。

3. 体育俱乐部

体育俱乐部是在新的时代背景下产生的一种新的课余体育训练的组织形式。随着高校体育改革不断深入，课外体育活动越来越丰富多彩，为了满足学生的需要，高校组成了各种形式的体育俱乐部，其中一些体育俱乐部带有运动训练性质，于是成为新型的学校课余体育训练形式。

体育俱乐部组织形式是体育社会化和教体的结合，有一定的经济实体作为依托，训练条件有充分保障。体育俱乐部的主要任务是培养大学生体育兴趣和爱好，增强学生体质，使之养成终生体育锻炼的良好习惯，并发现和培养体育人才。

（四）课余体育训练的管理体制

目前，我国的管理机制主要由以下几个部门组成：国家体育总局竞技体育司；省、市、自治区体育局运动训练处；单项运动协会；职业运动俱乐部。每一个部门都有其各自的职能，具体如下：

（1）国家体育总局竞技体育司是我国运动会管理的重要机构。它的职责主要有以下几个方面：第一，研究拟订学校体育发展的总体规划；第二，研究和平衡全国性学校体育赛事制度；第三，统筹协调重大国际、国内综合性学校运动会的组织与举办；第四，主办全国大学生运动会。

（2）各省、市、自治区体育局运动训练处是各省、市、自治区体育局的下属职能部门之一，这个部门的职责主要表现为：第一，落实国家体育方针政策；第二，做好地方学校课余体育训练的监督和评估；第三，举办省内的运动会等。

（3）成立单项运动协会的职责主要包括：第一，培养该项目的运动员；第二，做好该项目的训练与运动会；第三，促进该项目在社会上的普及。

（4）职业运动俱乐部的主要职责在于推动某个运动项目的发展。

（五）课余体育训练的管理过程

课余体育训练的管理过程涉及运动队组建、训练计划的制订、训练内容的确定、训练方法的运用以及训练效果的评价等，具体如下：

1. 组建校运动队

（1）确定训练项目

学校课余体育训练运动队组建，首先要确定训练项目，不然后续工作无法开展。从实际情况出发是确定训练项目要考虑的最重要问题。一般先集中精力从一两个项目开始训练，这是刚开始建立运动队的学校需做的工作。而对运动队进行扩充和提高，则要以提高水平为基础，以实际情况作为根据。

（2）选拔运动员

在体育训练开始前，对运动员的选拔可参照竞技体育运动员选材的步骤，并按照运动项目的特点和要求来进行；要对部分学生进行各种能力与相关因素的测试，还要进行较长时间的考察。学校课余体育训练选拔运动员常用的测试指标包括身体形态指标、生理机能指标、身体素质指标。此外，还要考虑遗传、年龄、运动素质发展的敏感期、心理素质、家庭社会在过去和未来对学生的影响等因素。

（3）选择指导教师

体育训练的指导教师可以由本校的体育教师担任指导教师或教练员，其他有体育专长的老师也在选择之列。有条件的学校可以聘请业余体校的教练或体育俱乐部的教练。由于学校课余体育训练的对象是学生，而学生不仅有自己的生物属性，也存在一定的社会属性，因此指导教师应具备一定的哲学、体育教育学、体育社会学等社会学科知识。

（4）建立规章制度

建立学校课余体育训练规章制度，要从学校教育规律和课余体育训练的特点出发。一般来说，需要建立的规章制度主要有以下几种：

①训练制度：把每周、每次的训练时间和要求都进行规定，建立严格的训练作息制度。

②奖惩制度：根据学生的学习情况采取一些应对措施，如对运动成绩和学习成绩均好的参训学生给予物质奖励或精神奖励；对两门课程不及格的学生运动员，停止其训练，补课考试及格后才能继续组织参加训练。

③比赛制度：主要包括对遵守纪律、服从裁判、尊重观众、团结一致、顽强拼搏、

赛出风格、赛出水平等方面的具体要求。

④教练员责任制度：该制度的建立能使教练员具有高度的责任感，要求教师对学生的训练、学习、生活、思想等方面全面负责，保证训练工作正常进行。

⑤学习检查制度：给每个参训学生建立训练档案（包括运动员档案卡和运动员登记表），并做好运动队的工作日记。关注学生的情绪变化和学习情况，保证参训学生始终保持良好的训练状态。

2. 制订训练计划

课余训练计划是课余体育训练顺利进行和训练效果得到提高的重要保证，学校课余体育训练计划及其内容如表3-1所示。

表3-1 课余训练计划类型及内容

训练计划类型	训练计划内容
年度训练计划	①上一年度训练情况和本年度的训练目标 ②学生身体素质、技战术、心理训练及训练指标和要求 ③全年训练阶段划分，各时期训练比重与内容及负荷安排 ④全年比赛的时间安排 ⑤检查评定训练效果的时间与方法等
阶段训练计划	①阶段训练内容 ②各阶段主要训练手段的选择和负荷量 ③各阶段训练过程，应切合学生实际
周训练计划	①周训练目标与要求 ②周训练次数与时间 ③每次训练课的内容和负荷、测验和比赛等
课时训练计划	①训练课的目标与要求 ②训练课的组织形式 ③训练课的内容与手段 ④训练课的时间与负荷安排等

3. 安排训练内容

（1）身体训练

通常情况下，可以将身体训练分为两种类型，一种是一般身体训练，另一种是专项身体训练。这些对身体各方面素质的提高都有很重要的作用。由于学生训练的水平有所差异，因此，这就要求分别对待，初学者或者运动水平不高的要以一般训练为主，水平较高或参加了多年系统训练的学生，则以专项身体训练为主。

（2）技术训练

技术训练具体是指学习、掌握和提高运动技术的训练过程。技术是充分发挥运动员身体能力的条件，是发挥战术作用的基础，只有掌握娴熟的技术，才能够创造优异的成绩。学校课余体育训练中，技术训练包括基本技术训练和高难技术训练两方面。基本技术是掌握高难技术的基础。因而在训练中不能忽视。高难技术是专项运动技术中难度较大、比较复杂和要求较高的一些动作。

（3）战术训练

战术训练的基础是一定的身体训练和技术训练。一般来说，可以将战术训练分为两个方面，即一般战术训练和专项战术训练。在高校体育训练中，战术训练以一般战术训练为主。战术训练以意识的培养为重点，因此，要指导学生对运动项目的基本规则和战术的基本内容熟悉并熟练掌握。为学生了解技术和战术变化的基本规律奠定一定的基础，使学生熟悉战术的变化，从而进一步提高其战术的运用能力。

（4）心理训练

心理训练是课余体育训练的重要内容之一，进行心理训练要考虑学生的不同年龄、性别、训练水平等实际情况，使学生的心理调控能力得到培养，提高其对复杂比赛环境的适应性，以获得优异的成绩。

（5）品德与作风训练

品德与作风是一个人综合素质的体现，课余体育训练的重要目标之一即将学生培养培养成一个全面的、完整的人，这就离不开品德与作风的训练。在课余体育训练过程中可以进行爱国主义和集体主义教育，培养高校学生良好的意志品质和团结协作精神，使其尊重同伴和对手，养成胜不骄败不馁的体育道德风尚。

4.选用训练方法

正确的训练方法是体育课余训练获得理想训练效果的重要保证。合理运用训练法必须结合项目特点合理安排负荷，在内容和形式的选择上做到与学生特点适合，同时要明确训练目的与任务，及时纠正学生的错误动作。各种训练方法有自己的特点和作用。因而在应用时一定要从实际出发，做到灵活性和创新性。

5.评价训练效果

对课余体育训练进行评价是课余体育训练管理的重要方面，有利于了解训练成绩和效果，总结经验和监控训练过程，保证课余体育训练的科学性。训练效果的评价主要从身体素质水平、技战术训练水平、运动成绩和运动员输送率的评价方面得到体现。

（1）身体训练水平评价：对身体生长发育情况的衡量，其主要包括对身体形态、生理功能和身体素质等方面的评价。

（2）技战术训练水平评价：对学生的训练效果的衡量；运动成绩的评价要求尽量做到客观、公正。

（3）运动员输送率的评价：对管理者充分了解课余体育训练的效果是有一定帮助的。

二、课余体育竞赛管理

课余体育竞赛是指在课余时间进行的,以争取优胜为目的,在校内、外组织学生进行的,根据正规、简化的规则所进行的个人或集体的各种运动竞赛活动。

(一)课余体育竞赛目标

(1)提高学生的运动水平。

(2)培养学生良好的意志品质,培养学生的团队配合意识,提高学生的社会适应能力。

(3)及时检查和了解学校体育活动的开展情况,加强教师和学生之间的交流。

(4)推动学校群众性体育运动广泛开展。

(二)课余体育竞赛特点

(1)课余性。与课余体育训练相同,课余性也是课余体育竞赛的一大特点,同时也是课余体育竞赛与其他运动竞赛的区别之一。作为课余体育竞赛的对象的学生以学业为主,只有在完成学习任务的基础上才能进行课余体育竞赛,因此课余体育竞赛主要是在学生的课余时间或节假日进行,体现出了课余性的特点。

(2)群众性。与专业竞赛不同,课余体育竞赛的目的主要是锻炼学生的身体,应该是面向全体学生的,因此,竞赛项目设置、规则制定要从全体学生出发。

(3)教育性。通过比赛,可以使学生的团队精神和拼搏精神得到培养,在比赛中,学生也养成了遵守纪律的好习惯,有利于良好品行的培养。

(4)多样性。课余体育竞赛的项目、组织形式、场地、器材和方法复杂。这都体现了其多样性的特点。课余体育竞赛要想吸引、鼓励更多的学生参与进来,必须做到多样性。

(三)课余体育免费形式

课余体育竞赛有校外竞赛和校内竞赛之分。其中,校外竞赛主要是校际交流竞赛;校内竞赛可分为综合性和单项竞赛。具体来说,高校课余体育竞赛的组织形式主要有以下几种:

(1)校际交流竞赛:多为单项交流赛,是为了加强学校之间的交流、宣传学校、提高学校的知名度。

(2)学校运动会:多个运动项目在同一时段进行,是学校规模最大的竞赛活动。目前,学校田径运动会,或篮球、排球、足球及田径等多个运动项目的综合运动会是最常见的形式。

(3)学校单项运动竞赛:只进行一个运动项目的竞赛,项目单一,工作简便,易于组织开展和管理。

（4）学校单项娱乐性竞赛：由师生自创，民间流传的以及学生喜闻乐见的体育竞赛，如踢毽子、跳绳等。此类竞赛对参与者的限制较少，可广泛开展。

（5）学校季节性单项竞赛：以一些对季节要求很高的竞赛项目为主举办的体育竞赛，如冬季长跑等，易成为学校的传统竞赛项目。

（四）课余体育竞赛的管理过程

以高校运动会为例，对高校课余体育竞赛整个过程的管理具体如下：

1. 设立竞赛组织

组建运动会组织机构是运动会组织管理工作的重要环节。各种运动会的组织机构一般采用委员会制。运动会的组织委员会是全面领导整个运动会组织工作的最高机构，它的机构编制、人数可根据本校运动会性质和规模来确定。

（1）竞赛组织委员会：通常由党、政、工、团、体育教研组（室）、总务处、学生会、医务人员等组成，全面负责竞赛工作，制订计划，审批相关文件。秘书组、宣传组、竞赛组和后勤组是常可设立的办事机构。

（2）体育教研组（室）：负责各种球类比赛、操类比赛等，并会同班主任或年级主任统一安排，具体由体育教师分头组织进行。

（3）团、队、学生会：负责举办一些简单易行的群众性的比赛活动，如跳绳、拔河、踢毽子、登山、越野跑、接力跑等。

（4）班内组织：在班主任和班级体育委员的组织安排下进行小型多样的比赛。

2. 确定竞赛方案

运动会组织方案大体包括以下内容：运动会的名称和目的任务；运动会的主办与承办单位；运动会时间与地点；运动会的规模；运动会的组织机构；运动会的经费预算及运动会的工作步骤。

3. 制订竞赛计划

运动会的组织委员根据运动会规程、组织方案和责任分工，拟定各职能部门的具体工作计划和有关行为规范，并经组委会讨论审定通过后执行。

制订体育竞赛日程计划时，要考虑其群众性、可行性、常规性和简便性；充分考虑学生的特点和本校的实际情况；考虑学校教育计划、季节特点、节假日等因素，合理安排运动竞赛时间和次数；校运会、学校体育传统项目等重点比赛应安排在比较固定的时间进行；以日期合理安排各赛事顺序，以方便督促、检查。体育竞赛日程计划主要包括竞赛项目、竞赛时间、竞赛地点、参赛单位、参赛人数和主办单位等内容。

4. 制定竞赛规章制度

运动会规程是组织实施学生运动会的主要规章制度，是本届（次）运动会活动组织管理的权威文件和指导文件。运动会规程的主要内容包括运动会的名称、时间、地点、参加总位、项目、组别、参赛办法、比赛办法、仲裁委员会组成等。

5. 编制竞赛秩序册

运动会秩序册是运动会组织和实施的文字依据，它由运动会的管理竞赛部门负责编制，报组委会审定通过后在运动会举办前提前下发。运动会秩序册后可附上学生、教练员、裁判员守则及各种评优条例等。

6. 确定竞赛方法

课余体育竞赛常用方法主要有以下四种：

（1）淘汰法：淘汰法是指在竞赛过程中逐步淘汰成绩差的，最后决出优胜者的方法。淘汰法的优点是比赛时间较短；缺点在于除第一名外，竞赛的真实水平难以通过其余名次得到反映，选手之间缺少相互学习的机会。对此，可用补赛法、种子法等方法，来弥补淘汰法的不足。

（2）循环法：循环法是指参赛者在竞赛中都按照一定的次序相互轮流比赛，最后结合全部比赛的胜负决定名次的竞赛方法。常在一些集体项目的球类比赛和其他对抗性项目的比赛中应用。循环法包括单循环、双循环、分组循环三种形式。

①单循环。所有参加比赛的队之间均要轮流相遇一次，名次的决定以最后各队胜负场次的积分为根据。单循环的比赛形式能客观地反映竞赛的真实水平。

②双循环。参赛运动队先后进行两次单循环的比赛方法。参赛队在比赛中均能相遇两次。名次按照最后各队在全部比赛中胜负场数的积分多少来排列，能使各队充分发挥水平，但赛期较长，耗时较多。

③分组循环。先把所有参赛队进行分组，然后在组内以单循环的形式进行比赛，将各小组的名次排出，然后根据名次进行重新分组。分组循环既能节省比赛的场次和比赛的日期，又能客观反映各队的名次，因此经常被采用。

（3）顺序法：参赛者按一定的顺序表现成绩的比赛方法称为顺序法。采用顺序法进行比赛的运动项目，其运动成绩一般以客观标准进行确定，如时间、距离、重量、环数等。顺序法包括分组顺序法和不分组顺序法两种形式。分组顺序法可以根据组数多少采用预赛、复赛、决赛；不分组顺序法要求在同一比赛时间内不能有两人以上（含两人）进行比赛。

（4）轮换法：轮换法是指让参赛者在同一比赛时间内，按照一定的顺序（规定好的轮换顺序）依次进行不同项目的比赛。其优点是能够节省比赛时间。

7. 开幕式的组织管理

高校学校运动会开幕式的组织工作可由组委会任命3~5人，分工合作，组成临时指挥小组具体负责。运动会的开幕式应既庄严隆重、热烈欢快，又紧凑精练、完满安全。

运动会的开幕式程序主要为：宣布开端式开始，裁判员、学生入场，奏乐（国歌、会歌）升旗，领导人致开幕词，学生代表讲话（或宣誓），裁判员、学生退场，开幕式表演开始，宣布开幕式结束。

8. 竞赛活动管理

运动会期间要有指挥管理人员深入赛场进行第一线指挥管理，这也是比赛活动顺利进行的重要保证。对比赛活动实行全面、具体的组织、领导与管理。管理要准确、及时、果断，如果出现问题，要迅速召集现场办公会、仲裁委员会或组委会会议研究讨论。

9. 竞赛人员管理

运动会期间的人员管理，主要包括对裁判员、运动队（员）及观众的管理。

对裁判员的管理要求其不仅要具有高尚的职业道德教育，做到公平、公正、公开，同时，还要求其杜绝不良裁判作风。

对参赛运动队（员）的管理尽量采取分级管理办法，提出统一要求和具体规定，并做好参赛队伍之间的协调工作。对各队之间出现的问题进行及时的处理。

对观众的管理，组委会应寻求防患于未然的系统的预防治理方法，如当比赛激烈时，组委会对观众的管理不当很可能会造成运动会无法进行。因此，必须要制订相关的管理计划方案和措施。

10. 竞赛成绩与名次评定管理

正确地评定学生在课余体育竞赛中的成绩和名次，有利于学生准确认识自己，使学生的运动技术水平得到提高，同时，促进学校群众性体育活动的开展。

在评定竞赛成绩与名次时，要根据实际情况，选用正确合理的方法，并在遵守竞赛规程和规则规定的前提下进行，力求做到客观准确。

11. 体育竞赛的后勤管理

良好的后勤管理能保证高校运动会的顺利进行，运动会的后勤管理工作包括认真检查运动会场地、设备和器材的布置与使用管理情况。落实学生、裁判员的用餐、沐浴、安全工作，监督运动会的预算执行情况，运动会的伤病防治和临场应急准备等。

12. 体育竞赛的后续管理

（1）为参赛队伍办理离开手续。

（2）借调人员返回原单位。

（3）汇编成绩。

（4）填报等级学生和破纪录成绩。

（5）做好财务决算。

（6）及时处理运动会的物资。

（7）举办评比表彰、鸣谢活动。

（8）做好工作总结。

（9）整理文档资料。

（10）评比表彰工作。对参与竞赛管理工作的单位和个人、支持与协助大会的单位和个人等进行表彰和表示感谢。

第四章　高校体育教学资源管理

体育教学资源的科学化管理是体育教学各项工作顺利开展的重要基础。体育教学资源管理具体涉及对体育人力资源、物力资源、财力资源的管理。本章就重点对上述内容进行详细分析，以为体育教学管理者科学管理各种教学资源提供理论和实践指导。

第一节　高校体育教学人力资源管理

一、体育教学人力资源管理的概念与内容

（一）体育教学人力资源管理的概念

体育教学人力资源有广义与狭义之分。

广义的体育教学人力资源是指体育教学系统内部和外部所有能够推动体育教学发展的智力劳动者和体力劳动者的劳动力总和。根据上述定义可以看出，劳动能力包含很多内容，如体育知识、体育相关经验、体育技术和战术、体育技能、智力、体育教学管理思想、体能、体质、认知、意志力等。由于人的劳动能力与人是一个紧密相连的整体，因此，可以将广义的体育教学人力资源理解为：体育教学系统内部和外部所有能够推动体育教学发展的从事智力劳动和体力劳动的人的总称。

狭义的体育教学人力资源是指体育教学系统内所有接受过专业的体育教育培养或接受过体育运动训练和培养的能够推动体育教学发展的体育专业人员的劳动能力的总称。也可以将狭义的体育教学人力资源理解为：体育教学系统内所有接受过专业体育教育培养或接受过专门的体育运动训练和培训的能够推动体育教学发展的体育专业人员的总称。

体育教学人力资源主要指的是狭义上的体育教学人力资源管理。

（二）体育教学人力资源管理的内容

从人力资源类型来看，体育教学人力资源管理主要包括以下几个方面的内容：

（1）现实高校体育教学人力资源：现实高校体育教学人力资源是指正在投入到劳动过程中的，并对高校体育教学的发展产生贡献的劳动能力，如在职的高校体育教师、教练员、裁判员、体育科研人员、体育管理人员、社会体育指导员、体育经纪人等。

（2）潜在高校体育教学人力资源：潜在的高校体育教学人力资源是指由于受到某些原因的限制而不能直接地参加特定的劳动，需要经过人力资源的开发等过程才能形成劳动能力，如就读于高校体育专业的学生等。

（3）闲置高校体育教学人力资源：所谓闲置高校体育教学人力资源是指"求业人口"或"待业人口"的劳动能力，如退役后等待安置的运动员，下岗后等待安置的教练员、裁判员、体育师资等。

从体育教学人力资源管理范畴来看，体育教学人力资源管理主要包括以下几个方面的内容：

（1）人员职务分析与设计：要对高校体育教学组织内的各个岗位进行详细的调查与分析，主要调查的内容为岗位的性质与结构、工作责任与流程、任职人员的基本素质、知识与技能等，对这些情况进行了解之后，再编写出相应的人事管理文件，如职务说明书、岗位规范等。

（2）人员激励：人员激励是通过采用激励方法和理论，不同程度地满足或限制员工的各种需求，使员工的心理状况产生相应的变化，从而激发员工更加努力地实现体育教学组织所期望的目标。

（3）人员考核：对员工的绩效考评有两个主要依据，一是其在一定时间内对高校体育教学贡献的多少，二是其在工作中所取得的成绩。考核后要将考核信息与结果及时向员工反馈，进而促进员工工作绩效的改善与提高，同时也为做出人事决策（如员工的计酬、培训和晋升等）提供相应的依据。

（4）人员职业规划：具体规划内容包括两方面：一方面是分析高校体育教学人力资源现状；另一方面是预测未来人员供需与平衡，通过规划保证高校体育教学组织能够在需要的时候获得所需要的人力资源。

（5）人员培训与开发：通过对员工个人或群体进行相应的培训，提高员工的能力、知识、工作绩效和工作态度，进而对员工的智力潜能进行开发，从而增强体育教学人力资源的贡献率。

（6）人员与组织劳动关系管理：对体育教学组织与员工之间的劳动关系进行合理的协调与改善，并营造出良好的工作氛围与和谐的劳动关系，从而为体育教学活动的正常开展提供保障。

二、体育教学人力资源管理的原则与要求

（一）体育教学人力资源管理的原则

1. 目标原则

体育教学人力资源管理的目标原则是指对于人力资源管理，必须有明确的管理目标。明确的目标是进行人才管理的必要条件，因此在体育教学人力资源管理中，在重视实现组织目标的同时，也要对员工个人的发展给予高度重视。总的来说，就是要注重组织目标与个人目标的全面发展与实现。

2. 系统原则

体育教学人力资源管理的系统原则是从整体的观点出发，统揽全局，对人力资源系统结构进行把握，深入分析其能级，并且对其变化进行跟踪，与此同时，还要不断地对其进行调节、反馈，控制好方向，从而保证管理目标的顺利实现。

3. 激励原则

体育教学人力资源管理的激励原则是指在体育教学人力资源管理中。通过运用相应的政策手段，对体育人才的工作积极性和创造热情进行有效的激励，并且通过适当的手段对他们做出的成绩与贡献给予适当的奖励。一般的，有很多种对人才积极性进行激励的方法，当前较为常用的方法主要有奖励激励、榜样激励、关怀激励、支持激励、目标激励、领导行为激励、竞赛激励等。需要注意的是，这些激励的手段和方法要根据实际情况和需要有针对性地进行选择和运用。

4. 互补原则

体育教学人力资源管理的互补原则是指通过体育教学人力资源管理上的互补，能够充分发挥出体育教学人力资源的整体效益。人员互补包括很多方面，如能力互补、知识互补、气质互补、年龄互补等。

5. 能级原则

体育教学人力资源管理的能级原则是根据体育教学人力资源的才能来对其所从事的具体工作进行安排，授予其相应的工作职权，并对其所要承担的责任进行明确，从而使人的才能适应其所从事的工作岗位的要求。以人的职称、学位等为主要依据将其安排到合适的岗位上，能够使各个岗位人员的能级水平尽可能地规范化和标准化，从而达到人尽其才、物尽其用的目的，最终取得效率最优化的效果。

（二）体育教学人力资源管理的要求

在体育教学人力资源管理活动中，除了要遵循一定的原则外，还要满足相应的一些要求，只有这样，才能够取得理想的管理效果。具体来说，应该做到的体育教学人

力资源管理的要求有以下几点：

1. 为职择人

为职择人，要求人员聘用符合岗位需求，就是要求在体育管理活动中，要以体育事业的需要为主要依据来设置相应的体育管理机构，并且以此为依据将各岗位职责规范制定出来。然后按岗位选配合适的人才。

为职择人可以有效避免"关系户"的存在，从而改变传统体育管理部门机构臃肿、人浮于事、职责不明、效率低下的弊端。

2. 用当其人

不同的人才各有所长，也各有所短，因此，必须要用当其人。体育教学人力资源会在个性、特长、智力、知识、技术、能力等方面存在差异，鉴于此，就要求在使用各种人时，必须做到用人之长、避人之短。同时，由于每一个人的一生中其能力都会出现一定的最佳时期，一个人能否及时发挥并经常得以运用在很大程度上决定着其才能储存时间的长短。因此，这就要求在体育管理中必须抓住人的最佳时期，并且使人的最大作用得到积极的发挥和利用。

3. 任人唯贤

所谓的任人唯贤，就是对体育人才进行选择和使用时，要根据人的水平、能力大小、技能水平等来进行择优选拔和使用，要杜绝任人唯亲的现象出现。

4. 用人不疑

用人不疑要求在使用体育人才时，要对所选择和使用的人才给予充分的信任，并且积极听取其意见，尊重其行动，尊重其成果，从而创造出良好的尊重人才、信任人才的环境，进而达到充分发挥其工作积极性和主动性的目的。

三、体育教学人力资源的配置

（一）体育教学人力资源配置的概念

体育教学人力资源的配置是指高校体育人力资源在部门及各种不同使用方向上的分配，并根据一定的经济或产出目标，实现人、财、物、时间、信息等要素的有机结合和充分发挥，从而获得最佳效率和最大产出的动态进程。具体来说，体育教学人力资源的配置可分为三个层次，即微观层次的体育教学人力资源配置、宏观层次的体育教学人力资源配置、个体的体育教学人力资源配置。

（1）微观层次的体育教学人力资源配置：具体发生在微观单位，是资源供求双方的行为共同完成，它是在既定的条件下通过进行体育教学人力资源分配，使某个部门更好地组织和利用这些资源，并尽可能地将其作用得到最大化的发挥。

（2）宏观层次的体育教学人力资源配置：在体育教学不同部门之间进行人力资源的分配，要求使体育教学人力资源在最适宜的使用方向上得到有效的配置。

（3）个体体育教学人力资源配置：体育教学人力资源主动选择自己工作岗位的行为，它是体育教学人力资源进行自我选择的体现。

（二）体育教学人力资源配置的内容

1. 地区配置

地区配置是对体育教学人力资源的一种宏观配置，体育教学人力资源的地区配置是在一个地区体育教学人口和体育教学人力资源现状的基础上，根据该地区的资源状况和高校体育发展规划，通过地区间体育教学人力资源的迁移及不同地区间的体育教学人力资源政策的调节来实现的。体育教学人力资源的地区配置要有利于各地区的高校体育发展，要使各地区所具有的资源优势得到充分的发挥，以在保留各地区特色的基础上实现各地区的均衡化发展。

2. 领域配置

体育教学发展的领域包括多个方面，主要有学校体育领域、竞技体育领域、大众体育领域和体育产业领域。体育教学人力资源的配置必须要将重点领域作为主要发展目标。根据领域的联系，即投入与产出中各领域之间的关系进行综合平衡后予以确定。体育教学人力资源的领域配置应该根据我国的国情和我国体育教学的发展，对体育教学人力资源的投向进行准确把握，保证重点发展领域的体育教学人力资源供给，同时还要对一般领域进行兼顾。对各领域间的体育教学人力资源规程、比例、机构等进行合理的规划，从而使体育教学人力资源的领域配置达到最佳的效益。

3. 职业配置

职业配置在体育教学人力资源中有着非常重要的作用，是对体育教学人力资源质的规定性的直观反映。从体育教学人力资源质的规定性来看，其差别主要表现在水平等级和职业种类两个方面。在进行体育教学人力资源的职业配置时，首先要从水平等级和职业种类两个方面进行区分，然后根据各个职业岗位的具体需求来分别将相应水平等级和职业种类的人力资源投入其中，从而使其达到最优结合。另外还要对可能条件下的职业替代进行考虑，以此来弥补一些职业的供不应求现象。对职业需求进行科学的预测是实现体育教学人力资源合理配置的根本方法。根据预测的结果来合理安排各级各类的教育教学规划，对各类体育人力资源进行适时和适量的培养，从而使各种职业岗位的需求得到很好的满足。

4. 运动项目配置

运动项目配置是当前各级学校实现体育人力资源（主要指教师）的最主要形式，体育教学是由众多的体育运动项目所构成，所以体育教学人力资源的配置应包括运动项目的人力资源配置。在进行运动项目人力资源配置时，要注意和重视团队的合理性，如职称结构、年龄结构、人员结构等。要尽量避免运动项目可能出现的人才过分集中所导致的人力资源匮乏现象的出现。

四、体育教学人力资源的规划

（一）体育教学人力资源规划的概念

所谓体育教学人力资源规划，指为了促进体育教学的发展，对体育教学人力资源在变化的环境中的供给和需求情况进行分析和预测，通过制定相应的科学有效的措施来保证在一定的时间和岗位上获得所需要的人力资源，并对这些人力资源进行有效管理的过程。

全面认识体育教学人力资源规划的概念，可以从以下几个方面进行分析：

（1）规划目的：要确保体育教学在一定的时间和岗位上获得所需要的人才（包括数量指标和质量指标）。

（2）规划要求：要与体育教学的发展战略相互配合，满足体育教学发展对人力资源数量和质量的要求。

（3）规划基础：要对环境（政治、经济、文化、法律、技术）的变化对劳动力市场的影响进行科学的分析和预测。

（4）规划内容：分析和预测体育教学内部人力资源的需求以及体育教学外部人力资源的供给，以此来制定相应的人力资源措施和相关政策，如员工招聘、员工晋升、员工开发与培训、人事调动和补缺、员工的离职处理等，从而为满足体育教学发展的各个阶段对人力资源的需求提供重要保证。

（5）规划宗旨：实现体育教学和员工的双赢。即体育教学获得所需要的人才，同时员工也得到了施展才华的空间，并与体育教学共同成长。

（二）体育教学人力资源规划的原则

1. 符合体育教学环境变化

体育教学环境有内部环境与外部环境之分，只有在对体育教学内部和外部环境变化进行充分考虑的前提下，制订出的体育教学人力资源计划才能适应需要，才能真正地为促进体育教学的发展服务。体育教学人力资源计划要对这些可能出现的情况做出相应的预测和风险提示，特别是要制定出应对风险的策略。

2. 保障体育教学人力资源供给

体育教学人力资源保障问题包括对人员流入和流出的预测，对内部人员流动的预测、对人员流动的损益分析、对社会人力资源供给状况的分析等。只有使体育教学人力资源的供给得到有效的保证，才有可能对体育教学人力资源进行更深层次的开发与管理。

3.体育教学与成员长期共赢

就我国高校而言，体育人力资源计划既是面向体育教学的计划，也是面向其成员的计划。体育教学的发展与其成员的发展相辅相成。如果仅仅考虑体育教学的发展需要，而忽视了其成员的发展，就会对体育教学发展造成损害。优秀的体育教学人力资源计划，一定是能够使体育教学和其成员都得到长期利益的计划。

（三）体育教学人力资源规划的流程

（1）全面清查现有的体育教学人力资源。

（2）分析环境和现状（包括外部环境的变化及发展趋势的分析、体育教学内部体育人力资源现状评估）。

（3）预测体育教学人力资源供需，包括高校体育人力资源的需求和体育市场的人力资源供给两个方面。

（4）评估高校体育人力资源供求状态（确定供求是处于平衡状态还是不平衡状态，其中不平衡状态又分为体育人力资源短缺状态和剩余状态）。

（5）制订科学合理的体育教学人力资源计划和具体的行动方案。

（6）实施体育教学人力资源计划和具体的行动方案。

（7）评估体育教学人力资源计划和行动方案实施效果。

高校体育人力资源计划和行动方案的执行情况以及对其效果的评估为体育教学发展战略和目标调整与制定提供了重要的决策依据。

五、体育教学人力资源的培育

所谓体育教学人力资源培育，具体是指在一定条件下，通过一定的方式来促进体育教学人力资源生成的过程。体育教学的发展依靠的是优秀的体育教学人力资源团队，包括体育教师和学生。

（一）体育教学人力资源培育的特征

1.周期长

体育教学人力资源的培育需要很长的一段时间。首先要进行科学的选材，将符合条件的苗子选出并经过长时间的培育才有可能获得理想的效果。无论是体育教师还是学生。在他们成为合格的体育教学人力资源之前，都要经过很长一段时间的培育过程。

就学生而言，一名学生（尤其是大学生运动员）的成才。需要经过十多年的努力，并在这段时间内还要不断地进行继续培育。

就体育教师而言，一名合格的体育教师同样也需要经过很长时间的培育过程。通过不同层次的考核和考试，才能获得相应的教学资格。

2. 成本高

成本高是体育教学人力资源的重要特征之一，也是影响体育教学人力资源培育的重要因素之一。体育教学人力资源的成才需要有很高的成本投入，其中不仅包括为生活、训练所付出的物质成本，还需要承担一定的受伤成本。此外，高校体育人力资源成才有着较高的机会成本，体育教师和学生需要接受较长时间的学习和训练，从而失去了通过其他途径成才的机会。

3. 风险大

以高校大学生运动员的培养为例，由于体育活动所具有的独特性，高校体育人力资源成才需要承受较大的风险，受伤概率较高。由于需要长时间从事某一运动项目的高强度训练，单调、艰辛、枯燥、日复一日的训练，这些都使得受伤的概率提高。

4. 成才率低

校园体育受多种因素影响，体育运动人才发展对人的运动技能和心理素质提出了较高的要求，有很多具有潜质的体育后备人才由于种种原因不能成才，淘汰率也非常高。

（二）体育教学人力资源培育的类型

1. 就业前培育

就业前培育主要分为学校教育和学校以外的教育。

（1）学校教育：学校教育相对较为正规、重视理论的学习，教学效果也相对较好，同时由于师资、学生、场地和教学设备相对都比较集中，与同等水平、同等总量规模的分散办学相比，学校教育在教育经费的节省和经济效益方面都比较好。我国一些专门的体育院校以及其他综合类大学的体育专业的教育均属于学校教育。

（2）学校以外的教育：根据人力资源市场的需求进行针对性教育，往往直接与就业挂钩，其所具有的特点是针对性强，重视劳动岗位的实际技能。形式灵活多样、时间短，能够较快地使接受教育者获得职业技能，及时满足体育教学人力资源的需求，如体育经纪人、游泳救生员、社会指导员等短期培训均属于此类。

2. 就业后培育

就业后的人才培育，也可以统称为"继续教育"。当前，"继续教育"已成为经济活动不可缺少的条件，就业后培育除了能够满足各种微观经济单位对提高人力资源质量的要求外，还要在当今人力资源大量流动的条件下，更好地解决其职业适应性的问题。一般来说，就业后教育通常是由微观经济单位——组织及其部门举办的，从组织的角度来看，职业教育主要包括以下三个方面的内容：

（1）新成员的入职教育。

（2）在职人员的养护教育。

（3）在职人员的提高教育。

（三）体育教学人力资源培育的内容

1. 技战术培育

就当前体育发展来看，技战术能力水平会成为体育教学人力资源将来就业的主要竞争力。通过相关运动项目的技战术培育，同时在比赛中使自身的技战术得到相应的锻炼，达到体育教学的要求。需要注意的是，在高校体育人力资源培育阶段，如果没有进行扎实的技战术训练，会对体育教学人力资源的发展造成致命的影响。

2. 体能培育

对于一些球类运动项目来说，体能水平起着非常重要的作用，特别是对于那些身体直接对抗的球类运动项目，体能水平是达到高水平的基础。

3. 价值观培育

体育教学人力资源价值观的培育过程中，相关体育教学的历史、体育教师和学生、各项赛事记录、各项技术统计的记录都是重要的载体。体育教学价值观的培养对体育教学人力资源的培养能够发挥积极作用。

4. 文化水平培育

文化水平是体育教学人力资源的重要人才构成要素之一。因此，也是体育教学人力资源培育的一项重要任务。高校体育人力资源细微的举动都将对体育教学和广大的青少年产生非常大的影响。因此，在体育教学人力资源培育的过程中，对体育教学人力资源的持续发展进行文化水平的培育有着非常重要的意义。通过进行文化水平的培育，可以提高体育教学人力资源的自身文化素质，提高其自身的气质与风格，并培养体育教学人力资源正面的整体形象。

除了上述重要素质及技能的培养，在体育教学人力资源培育的过程中，还要对这些人力资源的管理能力、应对突发事件的能力等进行培育。通过这些培育，可以在一定程度上提高其管理能力。另外，在体育训练和体育比赛的过程中处理和应对突发事件的能力应作为培育的重要内容。

第二节 高校体育教学物力资源管理

一、体育教学物力资源管理的概念

物力资源（Material resource）一词首先是在对经济资源概念的论述中提出来的，要想更好地论述和了解物力资源，首先要先认识一下经济资源。所谓的经济资源（Economic resource）是指一国或一定地区内拥有的各种物质要素（包括物力、财力、人力等）的总称。通常情况下，可以将经济资源大致分为两大类。一类是包括水、空气、阳光、动物、森林、土地、草原、矿藏等在内的物力资源，另一类是包含信息资源、人力资源以及经过劳动创造的各种物质财富的社会资源。物力资源是指人类社会经济活动用以依托的客观存在物。作为人类社会生存和发展的基础，物质资源的任何形态、来源、特征、用途等都不可能对其这一根本属性有所改变，只能立足于最初由自然界所提供的物力资源。

一般认为，所谓的高校体育教学物力资源，简而言之就是用于高校体育教学活动及其相关方面的客观存在的各种资源。高校体育教学物力资源是指在高校体育教学中，管理者通过一定的方式来将高校体育教学物力资源进行整合，从而实现高校体育教学目标的活动。换言之，高校体育教学物力资源管理就是在开展高校体育教学活动过程中，对所用到的物质资料（场地、器材、设备、场馆等）进行协调，从而达到顺利开展高校体育教学活动目标的活动过程。

二、体育教学物力资源管理的要求

（一）体育场馆资源管理要求

体育场馆的管理是体育教学物力资源管理的一项基本工作，也是非常重要的一项工作。高校体育课程教学工作的顺利进行，与体育场馆有着较为密切的联系，因此，这就要求一定要重视体育场馆的管理，并且将这一工作切实做好。具体来说，应该达到以下几个方面的要求：

1. 功能齐全，搭配合理

为了保障课堂教学、活动和训练的正常进行，体育场馆的功能必须要使教学需求得到满足，并且要搭配合理，专馆专用。其中，高校中普遍开展的体育课程要保证优先进行，这类体育课程主要包括田径、篮球、排球、足球、羽毛球、乒乓球、武术、健美操、游泳、体操等。

2. 卫生整洁，环境优雅

高校中体育场馆的主要功能就是使师生体育活动的需求得到满足，保障师生身心健康，因此，这就要求必须做到整洁、安全、环境优雅。具体来说，对体育场馆的要求主要表现为：不得在体育场地周围 2 米以内设置障碍物；大型器材应固定摆放；定期检查维护器材；保持体育器材和场馆地面的卫生，定期进行消毒和保洁。

3. 器材堆放，秩序井然

体育场馆内体育器材的摆放应该做到分门别类、秩序井然，以使用频率为主要依据对其进行分类。为了便了教学活动的进行，通常情况下，经常使用的大型器材固定位置摆放，小型器材定点存放。需要注意的是，不需要经常使用的器材禁止在场内随意摆放，必须收进保管室妥善处理。

4. 环境安静，不影响上课

体育环境的管理包括两个方面，一个是体育场馆内部的管理，另一个是体育场馆的外部管理。对体育环境产生影响的外部因素较多，如他人的走动或观望等，体育教师应正确对待和处理这些因素，保证良好的体育环境。

5. 制度健全，责任分明

由于体育场馆中的很多工作都是周而复始的，比如保洁人员每天的工作都是打扫同一个地方，收拾同一件物品，管理人员有时会检查同一批器材，巡视同一个地方。因此，体育场馆的管理是一项长期、细致、艰巨的工作，需要制度化，施行责任制。

众所周知，简单工作的单调重复，往往会让人产生枯燥的感觉，视觉疲劳、精神疲惫也比较容易产生，时间长了就会使人对工作失去激情，就会使人们降低工作的热情，造成情绪下降，工作质量缩水、淡化。因此，对工作进行制度化、常规化，施行岗位责任制是非常重要且必要的。鉴于此，通常可以采用周期安排的方法。一周或一月为一周期。以事情的轻重缓急为主要依据，均匀地安排在一个周期内，以便于在保证工作不单调的同时又能把需要做的事都做完。要把工作的质量以制度的形式规定下来，循规办事，就可以使工作的正常进行得到有效的保证，同时，这也便于工作人员的操作和管理人员的检查。

（二）体育器材资源管理要求

不同体育器材需要不同的存放环境，并需要定期进行保养和维护，因此，可以说体育器材的管理是一项非常烦琐的工作。这就要求对于高校体育器材的管理工作在操作上要程序化、制度化，具体来说，应该从以下几个方面入手：

1. 分门别类地放置体育器材

在放置体育器材时，要根据相应的标准分门别类。通常情况下，可以按照使用频率、材质、形状等分别放置，如篮球、排球、足球、标枪、横杆、铅球等要上架，服装、小件器材要入柜，羽毛球拍、网球拍等要悬挂整齐。

2. 外借体育器材手续应齐全

（1）以教学规律按时、按项目、按量把器材提供给任课教师，不可以随意外借器材。

（2）体育教师要根据教学的需要填写器材申请单，学生凭体育教师签名的申请单到器材室领取器材。

（3）由课外活动时间使用体育器材的部门提出申请，经体育部负责人批准，方能借出，并要在使用完后立刻归还。

（4）当面点数检验外借器材，做到如数、完整、完好。

（5）当面检验回收器材时，一次性地放回原来的位置，严禁随意堆放。

3. 保持体育器材室的清洁

体育器材室内应该随时保持整洁的状态。卫生工作的频率通常为每天一小扫，每周一中扫，每月一大扫。在进行卫生工作时，要求做到每个角落都要进行仔细的清理。经常保持一个优美舒适的工作环境，通风条件要好，减少细菌的传播，以使师生的身体健康得到有效的保证。

4. 器材管理员在上课期间要坚守高位

器材管理员对于每天的工作任务要有计划、按部就班地进行和完成。一般来说，在上课前要做好卫生、整理场地器材、给球充气等方面的工作；上课期间，器材管理员要随时准备应付如天气变化、任课教师改变计划、器材损坏等突发事件，以使教学秩序正常、有序地进行得到有效的保证，切忌擅离职守。

对不同材质和功能的体育器材的管理方法也有一定的差异性。具体的管理方法见表 4-1。

表 4-1　体育器材的管理方法

器材	管理方法
金属设备	（1）金属活动器材收回后，第一项工作就是清洁和防锈处理。如发令枪、高级跳离架、高级排球架、跨栏架、室内双杠等，使用后应及时做防锈处理，妥善保管。 （2）金属固定器材，特别是室外金属固定器材，每两年要油漆一次，以保证金属器材不生锈，能长期使用。
电器设备	（1）防尘：电器不用时，要及时断电、入库或覆盖。以防止灰尘的侵入。 （2）防霉：防电路不畅。采取对闲置的电器设备每个月通电 30 分钟以上。 （3）防腐蚀：电器设备应该放置在干燥、无污染的地方，防止腐蚀；带干电池的电器设备在不用时，必须及时拆卸干电池。以防电池穿孔漏液，腐蚀损坏电器。
秒表管理 — 电子秒表	（1）使用前，必须给每块表配上表带，表带的长度一定要使表挂在脖子上正好垂在肚脐的高度。 （2）电池要经常保持有电。不要为了节约电把电子表的电池卸下。 （3）使用秒表要把秒表挂在脖子上，严禁提在手上甩。 （4）熟悉表的功能和使用方法。 （5）电子秒表不宜暴露在阳光下，液晶显示屏惧怕阳光直射。 （6）秒表每天都要回收。 （7）节能操作。 （8）防潮防毒。 （9）定期检查。
秒表管理 — 机械秒表	（1）机械秒表维修费用高、计时不准确。因此，多使用电子秒表。 （2）机械秒表的使用与电子秒表基本相同，在使用上要注意使用前给秒表拧紧发条。一年送修表行校对一次快慢，三年洗一次油。 （3）机械秒表的保管在收藏前必须让秒表走到发条松懈为止。严禁紧上发条长期存放。其他保管与电子秒表相同。
球的管理	（1）篮球、排球、足球的气压在上课前全部要检查一遍，及时充好气，并做好使用记录。 （2）给球充气需要有经验的管理人员进行，可以在用电动充气机充气时观察电动充气机上的气压表，同时通过挤压等方法控制充气量。球的气太少可以继续补充，球的气太多必须放掉，不然会缩短球的使用寿命。 （3）季节不同，球的充气也有所区别。夏季、初秋球内气体会膨胀，给球充气不能太多。有时还要适当放气，避免球内气体膨胀把球胀坏。 （4）给球打气把气针剪短，只留 2~3 毫米长，插入气嘴后，压住气嘴，利用气压的功能将气注入球体。这样的气针对气嘴没有什么损伤，但要注意压气嘴时力量要适中，不然会把气嘴顶入球胆。 （5）放气的气针应该是完整的，由于球的气嘴是橡胶材料做的，放气前一定要先将气针蘸点水，再插入气嘴，尽量减少气针对气嘴的损伤，避免气嘴过早漏气，延长球的使用寿命。 （6）为了减少气针对球嘴的摩擦，最好的办法是不要给球打气过多，尽量不使用气针放气。

三、体育场馆的管理

体育场馆是学校进行体育教学、活动、训练的专用场所,为了充分利用体育场馆为学生服务,并使体育场馆能安全、健康、高效的使用得到保证,特别制定了关于体育场馆的一些管理制度,具体表现为以下几点:

(一)体育场馆的开放时间

(1)制定体育场馆上课时间时要以学校的上课制度为依据,通常是上午 8:00—12:00,下午 2:30—4:00。

(2)通常情况下,体育场馆课外活动时间为学校放学或者下课时间段,一般在下午 4:30 至晚上 9:30。

(二)体育场馆的使用规定

在使用体育场馆时,为保证体育场馆的良好环境和体育课的顺利进行,要遵守以下几个方面的规定:

(1)必须遵守体育馆开放时间的安排;上课时间,非上体育课的学生不得擅自进馆活动,闭馆时要自觉离开体育场馆。

(2)在课外活动时间,体育场馆优先为校代表队提供训练比赛场所,其他场地可以对外开放。

(3)未经允许,不得随意变更体育场馆中各个教室的工作用途。

(4)未经许可,不得随意拆卸和挪用体育场馆内的器材。

(5)满足体育课的教学和课外体育活动的需要是体育场馆的首要任务。因此,这就要求未经许可不得将体育场馆挪为他用。

(6)必须按规定着装进体育场馆,不按规定着装参与体育课或者体育训练者要给予一定的警告。

(7)在馆内上体育课时严禁大声喧哗,以免对其他学生上课产生影响。随身携带的物品应放在适当的地方,不得悬挂在体育器械上,如衣物和饰品等。

(8)体育场馆内严禁用脚踢球,以避免对馆内人员和器械造成伤害。

(9)在体育场馆内严禁随地吐痰、乱扔果皮纸屑,要养成随手带走垃圾,或者扔入垃圾桶的好习惯,以保持体育场馆内良好的卫生情况。

(10)贵重物品一般不建议带入馆内,要随身携带也要妥善保管,丢失概不负责。

校外单位使用学校体育运动场地,要事先向学校提出申请,经批准履行手续后才能使用,否则不允许进入体育场馆。

(11)如有违反上述中的任一条例,工作人员要给予相应的处罚。

（三）体育教室的使用管理

1. 乒乓球室管理

乒乓球室是从事乒乓球运动的专用场地。针对乒乓球室制定的管理制度能够使师生乒乓球课和业余乒乓活动的正常使用得到有力的保证。具体的规定包含以下几个方面：

（1）进乒乓球室必须按规定着装。不许穿不适合乒乓球运动的鞋参加活动。

（2）不许用手和球拍敲打球台。

（3）乒乓球台和网架上不许堆放或悬挂衣物、帽子等物品。

（4）不许利用乒乓球进行赌博等非法活动。

（5）不许坐或站在球台上，或在室内任意攀爬、打闹。

（6）不许随地吐痰，乱扔果皮纸屑，保证室内清洁。

（7）遵守体育馆开放时间，到时自觉离馆。

（8）违反以上制度者需进行惩罚。

2. 武术教室管理

武术教室的使用可以供搏击运动主要包括武术、散打、跆拳道、拳击等运动项目教学和训练使用，此类运动教室是从事武术运动的专用场所，针对武术教室制定的规定主要包括以下几个方面：

（1）未经许可，武术教室不得挪为他用。

（2）武术教室内的器材设备，未经许可不可擅自动用。

（3）不许随地吐痰，不许乱扔果皮纸屑，保证室内清洁。

（4）随身携带物品，不许挂在器械上。

（5）进武术教室活动必须按规定穿鞋，不许穿不适合武术运动的鞋。

（6）随身携带的贵重物品，请本人妥善保管好，丢失概不负责。

（7）请遵守体育馆开放时间，到时自觉离馆。

（8）违反以上有关条款，对相关人员做罚款处理。

3. 健身教室管理

健身教室是从事身体健美的教学场所。一般设备和器械都比较昂贵，器械繁多，也有一定危险性，因此，这就需要制定相应的制度，来保护健身教室及其中的设备、器材。针对健身教室制定的管理制度主要包含以下几个方面的内容：

（1）不得擅自做主、盲目蛮干，必须服从体育教师的指导。

（2）必须按要求正确使用健身器材，以使损坏器材、造成伤害事故得到有效避免。

（3）器械使用后不许乱放乱扔，要放回原处。

（4）随身携带物品请放在适当的地方，不许放在器械上。

（5）随身携带的贵重物品请自己妥善保管，丢失概不负责。

（6）不许随地吐痰，不许乱扔果皮纸屑，保证室内清洁。

（7）请遵守体育馆开放时间，闭馆自觉离开。

（8）违反以上任何一条，对有关人员视情况处理。

4. 健美操教室管理

健美操教室是进行健美操活动的专用场所，针对健美操教室制定的管理制度主要有以下几个方面的规定：

（1）未经允许，健美操教室不得挪为他用。

（2）不许破坏室内公共设施，损坏照价赔偿。

（3）进健美操教室运动不许大声喧哗，以免对其他人的活动产生影响。

（4）随身携带的物品请放在适当的地方，不许挂在器械上。

（5）不许随地吐痰，不许乱扔果皮纸屑。

（6）进健美操教室活动必须按规定穿鞋，穿不适合进行健美操活动的鞋是不允许进入的。

（7）请遵守体育馆开放时间，到时自觉离馆。

（8）违反以上任何一条，对有关人员酌情处理。

5. 多媒体教室管理

多媒体教室是从事体育理论和体育欣赏课的室内教学场所，针对多媒体教室制定的管理制度主要有以下几个方面：

（1）进入多媒体教室上课要保证室内清洁，环境卫生。不得随地吐痰，乱扔果皮纸屑。

（2）进入多媒体教室上课的人员，未经允许，不得随意动用电教设备。

（3）使用多媒体教室需先申请，并将使用时间明确下来，经批准后才能使用相关器材。

（4）在多媒体教室上课不得大声喧哗，以免对其他班上课产生影响。

（5）请爱护多媒体教室内公共设施，损坏要照价赔偿。

（6）多媒体教室应有专人管理，不允许其他人员随意进入。

（7）违反以上任何一条，对有关人员视情况处理。

四、体育场地的管理

（一）田径场管理

田径场是进行各种体育教学活动和举行大型运动会、体育休闲运动的场所。针对

田径场制定的管理制度主要包含以下几个方面:

(1) 田径场实行封闭式管理,进入田径场的人员,必须要服从场地管理人员的管理。

(2) 需要使用田径场、足球场,应事先向学校提出申请,经批准并履行租用手续,交纳场租费方可进入。

(3) 严禁在田径场内吸烟、乱扔果皮纸屑,保证场内良好的环境卫生情况。

(4) 上体育课时间,非上课人员不得入内。

(5) 严禁穿不适合田径场跑道和足球场草皮的鞋进场活动。

(6) 在每年都会有封坪育草阶段,任何人不得在封坪育草期间进入草地。

(7) 课外活动时间,未经许可,不是本校师生不得入内。

(8) 严禁一切车辆进入田径场,不听劝告违反规定者,做罚款处理。

(二)室外运动场地管理

1. 煤渣场地的管理

(1) 鉴于煤渣场地的特殊性,因此应尽量使其表面保持适宜的湿度。经过实践认定,该湿度一般应保持在30%左右较为适宜。

(2) 场地表面应保持适宜的硬度。场地硬度较大,使用次数也最多,因此,为防止场地快速硬化,可常翻修场地,可在第一条场地上放置栏架,暂停使用。

(3) 及时铲除场地上的杂草,雨季更应加强除草工作。有条件的场地周围应种上树木,净化空气,防风尘,保护地面。

(4) 及时清除场地内沿边的积土,以免影响场地的正常使用。

(5) 及时修整场地、平整场地、喷水、压实。

(6) 严禁在场地上行驶包括自行车在内的各种车辆。

2. 水泥场地的管理

(1) 水泥场地上的砂、石、泥土和污物要及时清扫,保持整洁。

(2) 雨季应及时清除积水,冬季应及时清除冰雪。

(3) 做好水泥场地的填充或铲除填缝料工作。保持接缝完好,表面平顺。当地气温最低时对较大接缝空隙进行灌缝填料。当气温上升填缝料挤出缝口时,应适当铲除并设法防止砂、石挤进缝内。

3. 木质场地的管理

(1) 未经允许,任何单位和个人均不得进入场地内训练或活动。

(2) 未经允许,场内固定器材不得移动。

(3) 禁止在木质场地内进食、饮水。

(4) 禁止在场内吸烟、吐痰和泼水。

（5）禁止在场内开展其他激烈的球类运动和竞赛运动，如踢足球、投掷、拖拉重器械。收拾器材时要轻拿轻放，将物体搬起移动。

4. 塑胶场地的管理

（1）合理使用塑胶场地，只允许场地所承担的专项训练和比赛使用。

（2）当场地遇水且需要急用时，应尽快对有水地区进行擦拭及干燥处理。

（3）禁止机动车辆在上面行驶，以防滴油腐蚀胶面。

（4）禁止携带易爆、易燃和腐蚀性物品进入塑胶场地。

（5）禁止在场地吸烟和吐痰。

（6）禁止在塑胶场地上使用杠铃、哑铃、铅球、铁饼、标枪等器材，以免剧烈的机械性冲击和摩擦使场地的弹性减弱和变形。

（7）发令枪要妥善保管，以免走火损坏场地。

（8）进入场地者必须穿运动鞋。跑鞋鞋钉不得超过 9 毫米，跳鞋鞋钉不得超过 12 毫米。

（9）塑胶跑道上的标志线要保持清晰醒目，模糊后及时喷塑胶液，重新描画。

（10）做好塑胶跑道的清洗工作。一般来说，应每季度大洗刷一次，比赛前后也要冲洗。

（11）做好塑胶跑道的修补工作。

5. 草坪场地的管理

（1）严格遵守草坪场地使用规定，爱护草坪和场内设施，保持场内卫生。

（2）禁止机动车辆进入草坪。

（3）田径运动的掷标枪、铁饼和推铅球等项目，只能比赛时使用草坪地，训练时尽量不使用或少使用。

（4）根据季节和草的生长情况合理使用草坪场地，以华北地区为例，每年 12 月至次年 4 月为草坪保养期，一般不安排使用；5、9、10、11 月可两天使用一次；6、7、8 月可每天使用。南方草坪场地可全年使用。

（5）做好草坪场地的越冬管理。越冬前，进行一年之中的最后一次修剪；早春草坪嫩叶返青前，进行 1 次滚压；返青后应及时浇水。

五、体育器材的管理

（一）体育器材的购置管理

在各级学校中，特别是在高等院校中由于平时开展的体育教学活动较多，种类也更加丰富，随之而来的便是要配备更全面的体育器材。也就是说，这些器材中的绝大多数都要通过购买的形式获得（也有一些器材会通过接受馈赠的途径获得）。体育器材设备的质量将直接影响体育教学效果，甚至还关乎教学过程中的教学主体的安全。因此，在购置器材设备时，要经过细致考评和研究，选择国家正规的体育器材生产厂商的产品，购买器材事物要指派专人全程跟踪完成，以求对购买的体育产品做到严格把关。

体育器材的购置应结合一些国际单项协会对比赛器材设备上制造厂商的名称、标记或商标的字号、高度等的严格规定，按比赛规则的要求购置体育器材，购置过程中，对体育器材应认真挑选，看其是否符合比赛规则中的有关规定，以免影响比赛、造成资源浪费。

（二）体育器材的入库管理

一般来说，在体育器材购入后，应将其分门别类地入库存放。由于体育器材的质地和用途不同，因此特别要对某些器材予以特殊照顾，如木质器材和电子器材需要放置在干燥地区；金属器材不要放置在高处；常用到的器材尽量放置在离门不远的位置上；还有诸如球拍和球类最好放置在专门的保管柜中。

第三节　高校体育教学财力资源管理

一、体育教学财力资源概述

体育教学财力资源，从狭义上来讲，就是我们所说的体育资金。体育资金是体育事业得以顺利发展的必要条件，是体育经济学研究的重要课题。

（一）体育资金的含义

资金是国民经济中物质的货币表现。根据不同的标准，可以将其形式分为很多种。比如，以分配形式为依据，可以将资金分为财政资金和信贷资金；以用途为主要依据，可以将资金分为建设资金、生产经营活动资金和其他用途的资金。而表现在体育领域内，专门用于发展体育事业的人力和物力的货币表现就是所谓的体育资金。根据不同的标准，可以对体育资金进行不同的划分，即其具有多种不同的形式，其中，最主要的形式有以下两种：

（1）根据体育资金使用性质，可将体育资金分为体育事业投资和体育基本建设投资。

（2）根据体育资金的使用去向，可以将体育资金分为群众体育投资、竞技体育投资和体育教育科研投资。

（二）体育资金的特点

体育资金同一般资金有着相同的地方，但同时也有着自己的特色，具体来说，其显著特点主要表现在以下几个方面：

1. 政策性特点

一般来讲，体育资金的来源、分配和使用都按国家体育产业发展的相关政策进行，这就是体育资金的政策性特点。目前，我国体育事业的发展非常迅猛。体育投资逐步被纳入了国民经济和社会发展计划中，国家下拨的体育经费、职能部门的专项拨款等都与国家政策性的指导有着非常密切的关系。

2. 多样性特点

世界各国体育资金的来源主要有三种，即"拨款型""筹款型"和"结合型"。这三种资金来源的特色和优缺点有一定的差别。就当前情况来说，所占比重较大的是"筹款型"和"结合型"，"拨款型"比例相对较小。

3. 效益性特点

体育资金的使用（不管是否合理）能产生一定的社会效益和经济效益。体育资金在投入体育市场以后，能够对竞技体育的快速发展起到积极的促进作用，同时还能够对整个体育产业和国民经济的发展起到一定的推动作用。

4. 增长性特点

在当前的市场经济条件下，各国都对体育的投资较为重视，每年各国的体育资金都在快速增加，特别是经济发达国家和地区。我国对体育的财政拨款也呈逐年增加的趋势。在国家财政拨款保持稳定和增加的基础上，社会集资、企业赞助等也有所上升，体育资金总量增长迅速。这就充分体现出了体育资金增长性的显著特点。

5. 不充足性特点

随着我国体育事业的快速发展，竞技体育、群众体育和体育科研等都有着较大程度的发展，因此，这些方面的经费开支也越来越大，并且出现体育资金不足的情况。具体来说，主要体现在以下几个方面：

（1）体育基础设施建设资金较为缺乏。资金的投入较为缺乏，导致我国高校体育基础设施建设不完善。

（2）体育科研经费紧缺，这已成为一个对我国体育科技进一步发展产生重要影响的因素。

（3）群众体育活动经费少。尽管我国的体育事业有着较为迅速的发展，群众体育也有了明显的进步与发展，但相对来说某些地方的群众体育活动还是开展得较少，而体育活动资金的投入较少是导致这一问题的主要原因。

二、体育经费管理的过程

（一）体育经费的预算

按年度对体育教育的各项经费进行收支预算，就是所谓的高校体育经费的预算。高校体育经费的预算是有一定依据的，具体包括以下几个方面：

（1）国家和学校的有关财政法规制度。

（2）当年度学校经费预算的指导思想。

（3）上年度收支指标完成情况分析和决算财务分析。

（4）学校对经费预算的内容要求。

（5）本年度开展学校体育工作所需要的经费预测或者与上年度相比主要增减项目。

（6）本年度学校体育自我创收经费估计。

（7）熟悉预算科目和预算规格。

体育教学部（室）在对体育经费的使用管理方面，应当在遵循勤俭节约原则的基础上，以财务管理的规定和权限为主要依据，履行相应的报批手续，严格执行国家和学校制定的财务制度与经费使用办法。

（二）体育经费的收入

要想支出必须首先拥有收入。在过往的很长一段时间内，由于社会发展所限，学校中的体育经费基本上由校方甚至是上级教育部门决定，体育教育过着"有饭吃饭，无饭喝风"的状态，当然这里所谓的"喝风"并不是终止体育教育，而是指只能凭借已有的场地或器材进行教学活动，如果器材因破旧损坏，也不能及时修整和更换，教学只能对所需器材进行统筹调配。这样一来，教学虽可勉强开展，但实际质量不可避免地会出现下降。社会发展后，特别是我国提倡全民健身的运动理念，再加上市场经济制度下人们"自我造血"意识的萌生，使得学校也可以采取一些市场方式获得收入，用以弥补体育经费的不足。

高校体育经费的收入渠道有很多，其中，最主要的有事业拨款、学校筹措、社会集资和自行创收等几个方面。

1. 事业拨款

从教育行政部门按学生人数下拨的教育事业经费中用于体育的比例部分，就是所谓的事业拨款。这一来源是高校体育经费中最主要的部分。事业拨款的用途主要有三个方面：第一，维持正常高校体育工作开展的体育维持费；第二，用于购置大型体育设备所用的体育设备费；第三，高校体育场馆建设专项经费等。

2. 学校筹措

学校筹措是指高校内部在创收、校办产业等方面的收入。这部分资金的用途主要是体育教师的奖励经费、课时酬金补贴等。

3. 社会集资

学校或体育教学部（室）通过举办重大比赛、参加重大比赛以及体育场馆建设等向社会各界募集得到的赞助费，就是所谓的社会集资。

4. 自行创收

由体育教学部（室）通过合法的手段向师生和社会人员提供有偿服务而获得的收入，就是所谓的自行创收。

（三）体育经费的支出

在体育教学中，需要进行经费投入的方面有很多，其中较为重要的有以下几个方面：

（1）日常费用：主要用于课外群体活动、运动队训练与比赛、图书资料的添置、正常体育教学的维持、场地器材维护等。

（2）器材设备费用：主要用于购买一些大型的器材设备。

（3）专项建设费用：主要用于体育场馆的建设。

（4）办公费用：主要用于体育教学管理机构的日常办公。

（5）其他费用：用于高校体育教师和行政后勤人员的酬金补贴和后勤经费。

三、体育经费管理的内容

（一）体育活动经费管理

体育活动经费的主要目的是通过丰富多彩的体育活动的开展，使学生的身体锻炼得到保证。体育管理者要遵循群体活动经费的使用规律，把每一分钱都用在学生的身上。高校体育活动经费主要涉及以下几个方面，因此，经费管理也应从这几个方面入手。

1. 校内各项竞赛

学校每开展一项体育比赛，都会涉及许多具体的方面。比如，最主要的几个方面有组织编排费、裁判劳务费、添置器材、奖品费等。缺少任何一项都有可能会对竞赛的顺利进行产生影响。

（1）组织编排费

负责编排的教师组织制定竞赛规程、召集有关人员开会布置工作、培训裁判（理论学习与实习）、编排竞赛日程、准备裁判器材、安排裁判和比赛队、准备奖品等各种竞赛事项所得的报酬，就是所谓的组织编排费。

（2）裁判劳务费

裁判劳务费要以各校情况自己制定的标准为依据来确定，而且要注意教师和学生是有所区别的。教师可以折算成课时，或用其他方式，应以培养学生的组织裁判能力为主、适当的经济补贴为辅。

（3）添置器材费

通常情况下，添置器材的费用会在年度体育器材预算中得到体现，如出现事先无法预料的事情，需要临时添置，要动用机动费用。

（4）奖品费

高校体育竞赛奖品费与职业体育竞赛是有一定差别的，具体来说，高校体育竞赛奖品费以鼓励学生为主，经济奖励为辅；集体荣誉为先，个人荣誉在后。因此，在分配奖励时，要重集体轻个人，注重集体名次的奖励，个人名次以发给荣誉证书为主，也可以发给少量奖金。

2.学生体育协会活动

高校体育协会活动是通过学校的扶持、体育教师的指导、学生的积极参与进行的。高校体育协会活动是以学生缴纳入会费进行运作，该组织的很多费用都是从入会费中开支。但是，学生缴纳的费用是很少的，不足以支撑活动的开展，因此，就需要从学校经费预算方面得到支持。在活动中，需要开支的费用主要有以下几个方面：

（1）教师指导费

体育教师对学生单项体育协会进行科学的指导，是该项活动能否长期稳定开展下去的关键。因此，这就要求必须对教师指导设置专门的酬费或者计入第二课堂课酬。

（2）添置器材费

通常情况下，学生单项体育协会活动所使用的器材都是与体育课堂教学器材共用的，但是，对于一些较为特殊的单项体育协会来说，这是远远不够的。如成立拳击、划艇、棋牌等体育课难以开设的协会，就需要专门添置器材，因此，需要将这笔费用列入学校经费预算中。

（3）外出比赛费用

单项学生体育协会成立的主要目的是使在校广大学生的兴趣得到满足，能够广泛开展校际体育交流等。但是，如果外出进行比赛，就会有一些费用开支，比较重要的有交通费、餐务费等。这些费用靠学生缴纳的费用是远远不够的，因此，需要列入年度预算中。

（4）内部比赛费用

学生单项体育协会除了平时自己组织练习外，还可以开展协会内部的竞赛活动，开展活动就需要增加一些奖励费用。因此，要保证比赛的顺利进行，就需要将这部分费用列入学校预算中。

3.组织学生体育郊游

随着体育课程改革的不断进步，体育课程的开展已经不仅仅局限于校内了。校外（社会、野外）活动逐渐成为体育课程结构的一部分，这不仅使体育教学的领域得到了进一步的扩展，同时，也增加了经费开支。要使这项活动有计划地进行，就需要有充足的资金支持，比较重要的费用包括交通费、门票费、餐务费、体育器材费等。

（二）体育器材经费管理

体育器材可以分为不同的种类，比较常见的有大型的固定资产和小型的消耗品。其中，大型器材通常不会经常购置，只有小型消耗品需要每年添置。加强对各项体育经费的管理，将体育器材的使用效率处理好，使体育器材成本得到有效降低，从而使体育器材经费发挥高效率的作用。通常情况下，对体育器材经费的管理主要从以下几个方面入手：

1.科学制定采购器材预算

学校对体育器材的采购预算主要应包括以下几个方面：

（1）每年体育器材消耗费用的预算：一般来说，学校每年体育器材的消耗费用一般是固定的，如篮球、排球、足球、羽毛球等，每年在球和球拍的使用上消耗比较大。这笔费用是每年采购预算必列项目。

（2）第二年增减项目的器材费用的预算：学校第二年增减项目器材费用一般是应对改革需要和特殊情况处理对器材购置做调整而准备的。

（3）体育教师工作服采购费用的预算：这项费用由于数额不多，因此常常被忽视。首先应说明的一点是，这是对体育教师工作的尊重和支持。当然在实际采购中需要根据学校的具体情况实施。这部分采购费用可以由校方负责，也可以通过以体育教师的特殊补贴的方式进行。但不管选择哪种形式，这部分资金必须要纳入年度采购的预算项目内。

（4）机动费用的预算：由于学校每年的器材采购经费都会有一定的增减，因此，留有一部分机动费以备不时之需是十分必要的。

2.提高采购行为的规范化

每年高校体育器材的采购是一笔不小的开支，采购的质量和渠道对高校有限的体育经费是否能够充分发挥作用会产生非常重要的影响。鉴于此，就要求将这些经济交往中的不正常行为杜绝掉，并且买到物美价廉的产品，增加采购透明度，提高采购行为的规范性。

3. 最大限度减耗增效

为了降低采购体育器材的经费，要充分发挥体育器材的作用，把其损耗降到最低。但不可否认的是，只要器材使用就肯定会有损耗，因此，这就要求在管理方面加大力度，建立健全的体育器材管理制度，规范器材管理，使损失尽可能减少，同时，还要使学校体育器材采购的开支进一步减少。

（三）体育场馆经费管理

1. 体育场馆经费的分类

（1）按性质分类：可将体育场馆的经费支出分为营业成本和期间经费两大类。学校体育场馆的期间经费主要包括管理经费、财务经费和营业经费（日常支出及损耗）。

（2）按项目分类：可以将体育场馆开展各项专业业务活动及其辅助活动发生的实际支出分为以下几种，即工资（雇佣管理人员产生的经费）、公务费、设备购置费和维修费等。

（3）按时间分类：可将体育场馆的经费支出分为三种，即体育场馆为取得营业收入直接发生的直接经费；有助于当期营业收入的实现或为数细微、不值得在各期间分摊的期间经费；效用在一个会计期间以上的跨期经费。

2. 体育场馆经费的监控管理

为了能将运行体育场馆的经费落到实处，必须有专人对资金的使用和流动方向进行严密的监管。尽管监管可能会让执行人有不被信任的感觉，但从制度上来说监管仍旧必要，其根本目的在于有利于体育场馆的各方面正常运行，因此就要求这种监管要系统全面、精打细算、勤俭节约。具体来说，体育场馆经费的监控管理主要包括两个方面。

（1）出纳员的监控管理：出纳员是体育场馆的经费开支控制管理的一个重要岗位。在实际的工作中，出纳员除了要严格遵守《会计法》《会计基础工作规范》等财会法规外，还要遵守各场馆所制定的经费支出细则，严格审核支出凭证是否与会计部门制定的内容相符、是否与会计部门制定的金额相符、是否与领款人的印鉴相符，如有疑问应先查询确认后方可支付。

（2）经费开支的监控管理：根据本校体育场馆的运营情况制订月计划、季度计划或年度计划；制定体育场馆经费开支标准。

3. 体育场馆的收入核算

（1）单体项目营业收入核算：单体项目是指独立经营的单个项目，如健身房、台球厅、篮球馆等。每日每班营业结束时，收款员填写营业报表，最终完成当天当班的营业收入核算。

（2）营业收入结构核算：营业收入结构核算指在一定时期（月、季、年）的单项收入或分类收入占分类或部门营业收入的比率。在单体项目和分类项目营业收入及部门收入核算的基础上进行分类汇总，最终完成部门营业收入结构核算。

（3）营业收入季节比率核算：营业收入季节比率核算是指体育经营项目的月季营业收入占全年总收入的比率。该核算方法有利于分析各个体育健身项目业务经营的季节变化，为体育场馆的计划编制、工作安排、客源市场开发和客源组织提供参考依据。

4. 体育场馆的利润核算

体育场馆在一定期间的各体育经营项目的收入与各项费用支出相抵后形成的经营成果即为利润。

（四）体育竞赛经费管理

高校体育代表队进行校外大型比赛的经费开支，就是所谓的高校体育竞赛经费。高校体育竞赛经费可以执行专款专用的模式，也可把经费细划。这些竞赛往往会对整个学校的荣誉产生较大的影响，因此，这就要求一定要加强这方面的管理力度。具体来说，高校体育竞赛经费主要包括以下几个方面的内容，因此，也要从以下几个方面入手进行体育竞赛经费的管理。

1. 教练员训练课酬

教练员训练课酬与其他公共课有一定的差异性，究其原因，主要是竞赛需要教练员全身心投入，而且还要以每个成员的情况为主要依据，随时对训练计划进行适当的调整。比如，不光要抓运动员的训练，抓文化学习，还要抓思想作风，抓生活，抓招生（体育特长生），外出比赛还需要联系交通车，比赛回来要解决运动员的洗澡、吃饭、住宿问题，还要随时掌握竞争对手的情况等，这些需要耗费很大的精力。因此，为了让教练员集中精力将训练和竞赛搞好，高校应该在这方面有一定的倾斜政策。

2. 运动员训练补助

体育竞赛经费的一项主要开支就是运动员训练补助。运动员的训练与学生体育协会的活动是有一定差别的，他们是为学校争得荣誉，训练需要消耗体力，要有营养补充，而对于学生体育协会的学生来说，是不需要这笔费用的。要以运动员的等级、贡献的大小、技术水平的高度等要素来决定这些补助。

3. 训练竞赛器材费用

训练竞赛的进行就需要配备专门的体育器材，要与实战要求相近，在规格方面，可以高于实战的规格，但不能比实战规格低。究其原因，主要是体育器材的质量和档次会对比赛产生直接的影响。

4. 运动员比赛服装费用

通常情况下，要求运动员的比赛服装在每年在大赛前添置一套，配置两短一长一双鞋，也可以本校情况和需要增加相应的配置。这方面的经费要根据市场价格来确定，并且要求服装要与竞赛规则相符，同时还要具有实用、美观、耐久等特性。

5.校外竞赛费用

校代表队进行校外竞赛时,距离的远近往往在很大程度上决定着花费的多少。一般来说,在近距离时需要交通车,远距离需要交通费,甚至需要住宿费、餐务费等。这些都需要在年度预算中列出。

6.比赛奖励

校代表队在正式比赛中取得好成绩,理应进行奖励。奖励不仅能够使运动员的士气得到有效的鼓舞,同时,还能够利用重奖作为招生的有利条件,将高水平队员吸引到本校就读,这对于体育人才的引进也是非常有利的。

一般情况下,是要按照级别、名次进行奖励的。不同级别的比赛及获取不同的名次,获得的奖励也是不同的。通常来说,省一级比赛取得前六名就应有奖励。这些也都需要一定的经费支持。除此之外,奖励也是学校代表队可持续发展的一项重要措施。

7.外出招体育特长生经费

为了高校体育教育发展,往往会外出招体育特长生,这项工作也需要一定的经费支出。它需要长期的礼尚往来、情报沟通。除了一般的工作关系外,要想招到较为满意的优秀体育人才,还要进行一定的感情交流,这些都需要经费。通常情况下,外出招体育特长生需要的经费支出主要包括差旅费、交际费、电话费等几个方面。

(五)体育教研经费管理

高校体育教学的科学化管理离不开科学理论指导,因此,在高校体育教学资源的管理实践中,也需要一定的科学理论做指导,因此,科研经费是高校体育教学财力资源管理的一个重要内容。

现阶段,高校体育教研经费主要包括以下几个方面内容,而管理也应从以下几个方面入手:

1.科研成果鉴定费用

在体育科研项目中,为了鉴定科研成果,必须邀请有关专家来做评估和调研。因此,也应该将这一项费用列入年度经费预算。

2.科学研讨交流费用

体育教师进行体育科学研究要发表论文,论文的发表就可能被邀请参加各级体育科研论文报告会,因此,这就成为每年的年度经费预算中不可缺少的一个重要部分。

3.考察观摩学习费用

要想促进本校体育资源管理的科学化,必须解放思想、善于学习,重视对其他学校和国家先进管理经验的学习与引进。因此,每年的体育经费预算中就需要列入外出考察的费用。通过外出考察、观摩和学习,能够充分理解上级的指示,能够通观全局,找到适合本校的改革方案,可促进本校的体育教学及其管理活动的不断完善和科学化发展。

第五章 高校体育教学主体管理

体育教师与学生是高校体育教学管理的主体，也是高校体育教学管理系统中的重要参与者和影响因素，因此对现代体育教师与学生的管理进行研究具有十分重要的意义。鉴于高校体育教学管理主体的特殊性与代表性，本章主要就高校体育教师与高校大学生的管理进行深入、细致的分析，并详细阐述高校师生之间的关系，旨在为新时期实现高校体育教学主体的规范化管理提供理论指导。

第一节 体育教师管理

一、高校体育教师概述

（一）体育教师的特征

高校体育教师面对的教学对象是高校大学生，鉴于高校大学生的年龄因素和性格特点，决定了高校体育教师要根据大学生的特点选择体育教学内容和制订体育教学计划，因此，在高校体育教学中，体育教师表现出以下几方面的特点：

1. 重视学生在教学中的主体地位

高校体育教学对象——大学生是年龄超过18岁的成年人。这种年龄特征使大学生对教师的指导和帮助几乎不存在依赖，他们大多已经具备了较强的主体意识与独立意识，更喜欢通过自己的努力和思考来独立进行体育活动和完成体育学习任务，因此，高校体育教师在教学中表现出与学生较强的互动性。尊重学生在高校体育教学中的主体性地位，重在引导而非灌输。

2. 具有丰富的知识

高校体育教师应具有丰富的知识与层次，高校体育教师的教学任务是引导大学生积极参与体育活动、锻炼大学生的身体，增长大学生的体育文化素养、基本体育知识、基本运动能力，提高大学生从事体育锻炼与欣赏体育比赛的能力，贯彻落实终身体育教育。因此，体育教师必须具备全面的知识结构，既要熟知体育学科的基本知识和教育学的基本规律，还要掌握其他相关学科的原理与方法并做到熟练运用，最终通过良好的教育方法和技巧将自己丰富的理论知识与技术技能传授给学生，促进学生的身心全面、和谐地发展。

3. 有良好的身体素质

身体练习是高校体育教学的主要形式，从事体育教育的教师是经过专业训练或接受过专业教育的特殊人才。在各级学校中，体育教师不仅要完成平日的教学工作，还要在运动场上带领学生进行体育课教学活动和组织课外活动，有时候还会根据需要承担起学校高水平运动队的组织与训练工作。一些体育教师还要进行与体育教学相关的科学研究。因此，体育教师的工作周期和持续时间都很长。体育教师必须具有良好的身体素质，才能承担体育教学这一高强度的工作。

4. 具有一定的科研能力

与中小学体育教师相比，高校体育教师还必须要承担体育学科领域的一部分科研任务，参与一些体育科学领域的相关科研工作或对研究做一些辅助工作，以不断推动高校体育教学的持续发展。

（二）体育教师的类型

1. 擅长教学的教师

不管是在小学、中学还是大学，以教学见长的教师，他们的教学效果通常都很好，并且深受学生的喜爱和认同，这与他们自身所具有的教学能力和教学智慧是有着密切联系的。因此，一般来说，擅长教学的教师都具有特殊的特点，具体表现在以下两个方面：一方面，热衷于教育事业，热爱和尊重学生。另一方面，能够在积累许多教育理论和实践经验的基础上，将知识在教学中充分发挥，能够引发学生的学习兴趣。在教学过程中，以教学为特长的教师具有根据学生的实际情况，结合教学规律以及对教学原则的贯彻，从而有效激发和调动学生的学习兴趣和积极性，有效把握和调控课堂教学的氛围的能力。

2. 擅长科研的教师

新时期的体育教学对高校教师素质的要求也越来越高，教师不仅需要具备教学、训练的能力，而且新增加了理论科研的新要求。最近几年，相继出现了以科研为特长的"科研型"教师。以科研为特长的教师的特点主要表现如下：

（1）具备能自觉学习高层次现代教学理论，研究较高层次的教研课题。

（2）能敏锐地发现教育问题，做深入研究和探索。

（3）能将自己的课堂教学与课外活动相结合，边学习、边研究、边设计、边实践，从而获取较高层次教育科研成果，最终形成自己独有的研究风格等能力。

需要注意的是，以科研见长的教师在当前体育教学中具有不可替代的重要意义。但是，以科研为特长的教师在教学方面并不一定也同样擅长，甚至会出现一部分以科研见长的教师，由于时间和精力分配不当，或是由于自身缺乏教学艺术与技巧等，教学效果不理想。

3.复合型教师

"复合型"教师是指教师在知识结构方面由2个或2个以上的不同质的学科知识群组成，在智能结构方面由跨学科的多种能力聚合而成。不管是擅长教学的，还是擅长科研的，这些类型的教师都各有优势和局限。社会在不断发展与进步，学校改革也日渐深化，这也就决定了对教师自身的要求也越来越高、越来越全面，从而新兴起了一种全面性的教师类型——复合型教师。在实际的学校教学中，复合型教师所占的比重较小，在全国各地的特级教师中这种复合型优秀教师所占的比例还是很大的。他们往往都是各级、各类学校教师队伍中的骨干和精英。

体育教学的实践中，充分了解不同教师的特点和特长后，根据不同类型教师的优势，有针对性地进行重点培养，优化利用，才能扬长避短、人尽其才。

二、体育教师的管理内容

（一）体育教师管理机制的建立

1.约束管理机制的建立

无规矩不成方圆。建立约束管理机制是为了在统一的规章制度下，规范体育教师的教学行为，使其圆满地完成教学任务。约束是规范教师的思想行为。服从学校的约束是体现体育教师基本素质和教学水平的一部分。

高校体育教师约束机制主要包括以下内容：

（1）时间约束：遵守时间约束，按时上课下课是一位体育教师必备的基本素质。在高校体育教学实践中，体育教师在对学生进行纪律教育的同时，自身必须要优先做到遵守课堂教学时间，珍惜课堂上的每一分钟，充分利用课堂教学有限的时间使学生学到更多的知识，得到更多的锻炼。应把监测教师的上课秩序，统计监测结果作为评价教师教学质量的要案之一。

（2）言行约束：为人师表，善待学生是每一个体育教师必须遵守的职业道德。课堂上，体育教师的言谈举止直接表现了其自身的文化修养、专业水准。体育实践是通过学生执行动作来完成的教学过程，教师需要使用各种有效的组织方式和教学方法来调动学生练习的积极性，因此，每一位体育教师都应该是体育运动的指挥家和鼓动家，有指挥调动学生完成各种练习的能力。课堂上体育教师要用自己高超的技艺和丰富的话言对学生进行教育，时刻关心学生、爱护学生，不说粗话、脏话，不体罚、不动粗。可以通过听课和收集所教学生的反映意见，评价教师教学质量，并通过这些意见对教师的教学方法进行及时指导、纠正。

（3）着装约束：和文化课相比，考虑到学生的安全因素和教学任务的完成情况，在体育教学过程中，体育教师应起到模范带头作用，穿运动服上课。穿运动服上体育课不仅有利于体育教师精神干练、挺拔形象的树立，还有利于体育教师在讲解示范时展现技术动作的姿态美，更是体育教师顺利组织完成教学任务、减少运动损伤的重要基础。可定期、不定期地检查教师上课的着装，并把检查结果作为评价教师教学质量的要素之一。

（4）教案约束：由于环境特殊，体育教师不可能像其他学科的教师一样手捧教案和教材上课，体育教师必须对教学内容要非常熟悉，这是体育教师上课的独到之处，但是这并不意味着体育教师不需要教案，应定期、不定期地现场检查上课教师的教案，并以此为依据评价教师的教学质量。

2. 激励管理机制的建立

激励是为了培养体育教师的锐意创新，充分调动体育教师的积极性和主观能动性，鼓励他们创造性地工作，提高体育教学质量。

（1）激励教师编写教学教案

教案是教师上课必备的资料，写好教案是每个教师最基本的能力。为了激励高校体育教师写好教案，可以为其提供教案格式和教案范例，采用评选优秀教案的方法，将教案评选作为检测体育教师教学质量的重要参考依据。

（2）激励教师提高教学质量

不断提高教学质量是体育教师所有教学准备活动的最终目的。高校可以使用集体评课、集体听课、举行公开课、竞赛课等形式激励教师钻研组织教法，促使他们不断提高课堂教学质量。

（3）激励教师提升自身素质

体育教师的综合素质对体育教学过程、质量、效果等都具有重要的影响，体育教师的素质不是自然增长的，而是通过长期的辛勤劳动和汗水换来的。现阶段，可以根据学生身体素质测评、运动员比赛名次、教师公开发表论文数量、教师获省级以上奖项等对教师的素质进行综合测评，并积极创设条件鼓励体育教师提高自身素质，如可以通过健全竞聘上岗、教师挂牌上课、学生选教师上课等激励机制，对教师进行优胜劣汰，使体育教师产生危机感，促使体育教师不断学习、不断创新。

（二）体育教师的编制与组织管理

1. 体育教师编制的制定

体育教师编制的制定是否科学是高校体育教学能否顺利开展的重要因素，这是高校体育教师管理的一项基础性工作。如果编制富余，就会出现机构臃肿，人浮于事，将造成工作员不能满负荷；如果编制紧缺，高校体育工作质量又将难以得到保证。在高校体育教师管理中，可依据以下几个方面科学制定高校教师编制：

（1）根据国家教委颁布的《学校体育工作条例》制定高校体育教师编制。

（2）根据高校体育教师所承担的体育课教学、课外群体活动、课余训练竞赛等教学工作量总和制定体育教师编制。

（3）通过"师生比"及本校的教学工作量制定体育教师编制。

2. 体育教师组织管理规定的制定

设置完备的高校体育教师管理机构，制定完善的体育教师管理规定，加强和落实各职能部门的职责分工，是高校体育教师管理工作的重点之一。具体来说，可以从以下几个方面来规范高校教师组织管理过程：

（1）鼓励"能者上，平者让，腐者下"和多劳多得。

（2）对体育教师应承担的教学工作量和科研工作量建立量化评审指标体系。

（3）管理规定应体现民主原则，同时做到量化及评聘的公开、公正。

（三）体育教师工作量计划的制订

现阶段，要想结合学校体育工作计划合理分配体育教学人力资源，就必须制订体育教师工作量计划。在高校体育教师管理中，一些学校由于没有把开展学校体育工作的工作量完全纳入学校体育课时工作量计算范畴内，导致了学校体育教学工作量与实际有出入，造成了体育教师队伍的结构安排不合理。因此，为了发挥高校体育教师队伍的最大价值，就应该使每位体育教师得到合理的工作任务，使不同的体育工作量任务合理分配。具体来说，高校应参考以下几个方面的因素制订体育教师的体育课时工作量计划：

（1）全日制在校学生、继续教育学生的必修、选修体育课。

（2）课外群体活动指导、课余训练工作。

（3）校内外体育竞赛活动。

（4）各种关于学生的达标测试等。

（四）体育教师的培养、培训与考评

1. 高校体育教师的培养

（1）体育教师的培养目标

高等师范院校和体育专业院校对体育教师的培养目标具体如下：

①体育教师要熟练掌握本专业基础理论、基本知识和基本技能。
②体育教师要熟练掌握马克思教育理论。
③体育教师要具有一定的科学研究能力。
④体育教师要具有分析、解决问题的能力。
⑤体育教师要具有从事教育和体育教学工作的能力。
⑥体育教师要有能阅读外文书刊的能力。
⑦体育教师要了解尽可能多的与本专业有关的科学新成就。

（2）体育教师的培养原则

①群体优化原则：群体优化原则要求对教师进行培训时，应从全局出发，有计划地进行培养。对于教师的培养应注重整体的优化，使教师素质得到全面的提高，使群体结构得到优化和提高。对于教师的培养，要符合一般人才成长的规律，综合提高教师队伍水平。

②定向培训原则：在确定教师的工作岗位之后，应实行定向培训，以满足实际工作的需求。采用该培训原则能够使人才培养少走弯路，使教师能够更好地从事教育工作。各科学教学对于教师的要求不同，这就需要针对不同的学科展开相应的培训工作；不同的教师其工作的发展方向也会有所不同，因此，应针对不同的人才采用不同的培训方式。定向培训原则要求在进行教师培训时，应做到"缺什么，补什么"，根据具体的工作需要进行职业性的教育培训，使教师相关技能水平得到补充、培训、更新和提高。

③目的性原则：由于教师日常的教学任务较多，因此，应注重培训的合理和高效。这就需要培训具有鲜明的目的性，解决某方面的教学问题，增强教师某方面的技能掌握等，在培训之初就需要达成明确的培训目标，这样在培训过程中，教师才会具有一定的学习目的性。

④系统发展原则：根据高校教育事业的发展趋势，着眼于整个学校教师队伍的系统建设，站在一定的高度审视和处理问题。在教师培养的过程中，应掌握各种现代化的技术手段，了解最新的学术和科研动态，使教师的专业能达到一定的广度和深度。此外，教师的培训进度受教学进度、社会和家庭等多方面因素的影响。因此，应对教师的培训工作进行灵活的安排，保证教师得到系统和全面的提高。

（3）体育教师的培养模式

当前，我国对高校体育教师的培养模式可参考表5-1。

表 5-1　体育教师的培养模式

体育教师的培养模式	特点
"运动型"培养模式	要求体育教师运动经历丰富，运动技术水准较高，但基本知识、理论水平和社会适应能力较差。
"理论型"培养模式	要求体育教师具有较低的专项运动技术水平，但理论水平、基本技能和社会适应能力却较强。
"一专多能型"培养模式	要求体育教师有技术专长，掌握多种技能，具有良好的社会适应能力。

（4）高校体育教师培养课程设置

高校体育教师培养课程的设置可分为国家类课程、专业基础课程、专业理论课程、专业技术课程及专项训练、实践类课程。在高校体育教师培养系统中，当前对高校体育教师的培养突显出以下特点：师范院校较注重教育类课程，以突出师范性为重点；体育院校体育类课程开设门类较多，以教学性为主。

2.高校体育教师的培训

（1）体育教师的培训目标

①强化职业信念，提高思想政治素质和师德修养水平。

②建立一定的现代教育意识、观念。

③掌握本学科专业理论和教育理论，熟知体育教学规律和学生学习规律。

④掌握基本教学技能和现代教育技术，并能灵活运用。

⑤掌握教育科研方法，能开展教改实验和理论研究。

（2）高校体育教师的培训方法

①定期轮培：定期轮培是教师培训最为常用的方式，能够使教师不断地了解新的知识和掌握新的技能。举办各种形式的培训班和讲座，使教师定期得到培训，不断补充新的知识和内容，提高自身的专业素质。

②学术研讨会：通过开展学术研讨会，交流和探讨相应的学术成果。通过这种方式能够开拓教师的视野，对于教师教学水平的提高具有重要的作用。

③委托代培：通过向高等的教育单位或是专业的培训机构申请代培，这也是人才培训的重要方式。高等的教育单位有丰富的经验和广阔的视角，对于教师知识水平补充和更新具有积极作用。专业的培训机构能够针对教师的相关弱点展开科学合理的分析和考察，做出相应的评估，最终确定完善的培训方案，这对教师的专业技能的提高具有重要的作用。

④考察学习：考察和学习对教师教学思路的转变具有重要的作用。一般的考察学习是国内的考察学习，即实地考察借鉴优秀学校的教学经验和方法，探讨本学校的教学方法。有条件的学校可开展相应的出国考察机会，使教师接受国外先进的教学思路，开阔教学视野，为教师在本学科中的不断创新提供丰富的知识积淀，也为教师自身科

研能力的提高奠定基础。

（3）高校体育教师的培训模式

高校体育教师的培训模式主要有岗前培训、校本培训和院校培训三种。

①岗前培训：适用于新教师的培训，主要通过两种途径实现：一种是由教师进修学校或师范院校对新教师进行脱产培训；另一种是组织培训班，指定老教师传授、帮助、带动新教师。

②校本培训：以学校和教师的实际需求为出发点，能将教育科研与教育教学实践紧密结合起来，有利于保持正常的体育教学秩序，因此被广泛使用。

③院校培训：主要包括学位课程培训和短期进修培训。前者的培训时间一般为1~3年；后者的培训时间较短，一般为几天或一两个月。

（4）体育教师培训课程设置

做好课程的设置是满足体育教师专业发展的需要，是搞好学校体育工作的重要保障。高校体育教师培训课程体系的设置应以当前的新课程对体育教师新的期待为重要依据，同时，要以高校体育课程内容的选择的最优化与提升体育教师的素质教育能力为指导。

3. 高校体育技师的考评

对教师进行客观的考评是高校体育教师管理的重要工作之一，要想实现体育教师考评的客观、公平、公正，就必须建立健全体育教师的岗位责任制、教师工作量制度、业务档案管理制度及考核奖惩制度，为高校体育教师考核工作的制度化、规范化奠定良好的基础。

（五）体育教师的引进及学术交流

针对我国体育教师学历结构较其他学科偏低的现象，应加强高校体育教师的引进和促进高校体育教师的学术交流。具体应做好以下两个方面的工作：

（1）根据学校体育教师的定编、老教师的自然离退休、某一项目或某一课程的需要情况等，有计划地引进高层次的体育专业教师。

（2）根据本校制定的学术交流有关规定，合理安排经费情况，鼓励体育教师参加学术交流活动，以促进高校体育教师的科研水平和综合素质的提高。

三、体育教师的可持续发展

（一）关爱教师，满足教师需求

满足高校体育教师的需求，稳定教师队伍是高校体育教师可持续发展的基础，对此，高校领导及有关部门应从体育教师的切身需要出发，积极解决他们生活、工作中的困难，具体来说，应做好以下三个方面的工作：

（1）全面提高体育教师的政治思想素质。

（2）切实提高体育教师的收入，满足教师的合理需求。

（3）为体育教师创造良好的教学、科研环境，实现人尽其才、才尽其用。

（二）优化体育教师的学历结构

当前，促进教师的相互促进和成长是实现高校体育教师可持续发展的重要途径。在高校体育教学管理中应做到以下几点：

（1）解决高学历教师的来源问题，大幅度增加体育专业硕士研究生和博士生的招生培养数量，以改善人才结构，优化教师队伍。

（2）建立高校体育教师的档案。通过多种渠道、多种措施为高校体育教师的培养和培训提供机会，提升高校体育教师的学历水平。

（3）规范高校体育教师的进修和管理，使体育教师有定期的进修机会。支持高校体育教师的科研工作，对其进行政策支持和资金资助。

（三）重视青年体育教师的培养

重视青年体育教师的培养，能保证高校优秀体育教师的不断提升，目前，我国高校体育教师职称评定有着严格的规定，为了给青年体育教师创造更多的机会，高校可以结合本校的实际情况实施"高层次创新人才工程"，加快人才的培养和产出。

（四）加强体育教师的管理改革

随着体育教学改革的不断深入，传统的体育教师管理采用的计划经济条件下单一封闭、静态的管理模式已经与我国高等体育教育的发展需要不相符合，必须对其进行改革。加强体育教师的管理改革应做好以下工作：

（1）建立健全高校体育教师的自我约束机制、竞争激励机制，使师资队伍进入良性循环轨道。

（2）继续完善高校体育教师的考核管理体系，强化体育教师的职务聘任、岗位责任和考核。

（3）加强对青年教师的师德和责任心教育，重视对新上岗的青年教师的岗前培训，提高体育教师的入职标准与质量。

第二节 教学对象管理

一、高校大学生概述

(一) 大学生的身心发展特征

1. 大学生生理发展特征

大学生身体的发展主要包括身体形态发展、身体机能发展和身体体能发展。具体来说，我国大学生身体发展特点如下：

(1) 身体形态发展特征

身体形态是指身体的外部形状和特征，包括人的体格、体型和身体姿势，一般是由比较精确的长度、围度、体重及其相互关系来表现的。随着年龄和时间的推移，人的身体形态是不断发展变化的，既有先天遗传因素的影响，也有后天环境的影响，每个人的身体形态不同，但人的身体形态的发展也有其自身规律。

研究表明，我国大学生身体形态的发展具有以下两个特征：首先，大学生身体形态的生长发育的波浪性和阶段性。大学生身体形态的发育的总体趋势是一开始生长很快，随后逐渐减慢，其中有两次高速增长期。第一次高峰出现在胎儿到出生后的第一年内，后增长速度逐渐减慢，保持相对稳定的速度直到青春期；第二次高峰出现在青春期，随后增长速度逐渐减慢，直到成熟为止。因此，大学生的整体生长发育线是呈现出波浪性和阶段性特点。其次，不同大学生身体形态生长发育的差异性。在大学生的生长发育中具有很大的差异性。性别方面，由于性别不同而使男女大学生之间的身体形态发育很不平衡，男女之间的身体形态具有很大差异，发育时间也有差别；身体形态发育阶段方面，大学生各个部位的生长速度是不同的，如青春期时身高的增长速度相对要比体重快；此外，个体和个体之间、地区和地区之间也存在差异，比如，有研究表明城市大学生的身高比乡村高。

(2) 身体机能发展特征

身体机能的发展包括神经系统的发育、骨骼肌肉系统的发育、呼吸系统的发育、心血管系统的发育等，具体如下：首先，在神经系统的发育方面。大学生神经过程的抑制阶段已经基本完善，具有较好的抽象思维能力，随着年龄的增长，兴奋与抑制逐步达到均衡，抽象思维能力继续不断提高，分析综合能力得到提高，大脑结构和技能达到成人水平。其次，在骨骼肌肉系统的发育方面，大学生的长骨增长基本稳定，骨的弹性大，关节囊、韧带延展性好，坚固性好；骨组织内无机盐增多，水分和有机物减少，骨密质增多，骨骼变得粗硬；肌肉长度和横断面积增加，肌肉力量和耐力较好，对力量和耐力性的素质练习承受能力较强。再次，在呼吸系统的发育方面，大学生胸廓大，肺容积、肺活量大，呼吸肌发育完全，呼吸频率减慢加深，呼吸调节能力强。最后，在心血管系统的发育方面，大学生的心脏发育已经接近成人，心收缩力强，心率减慢。

（3）身体体能发展特征

身体体能是指身体的各项素质，如速度、速度耐力、力量、爆发力等。大学生体能的发展也带有一定的规律性和特征。首先，大学生的身体体能的发展与身体形态和机能的发展趋于一致，表现出较为明显的波浪性和阶段性，形态、机能发育基本稳定，身体体能到达高峰。其次，大学生的身体体能的发展表现出一定的差异性，一方面，男女大学生体能的发育速度不同；另一方面，各项体能的发展速度也不同，各种体能的发展顺序也不一样。

（4）性发育特征

性成熟是青春期最重要的变化之一，它包括生殖器官的形态发育、功能发育和第二性征发育等。大学时期，学生的性发育已成熟。高校体育教师及高校工作者应加强对学生的性教育，教会学生处理好与异性的关系，鼓励学生多参加集体活动，促进大学生身心的全面、健康发展。

2. 大学生心理发展特征

（1）认知发展特征

人的认知水平随着年龄的增长，呈现出由低级到高级、由简单到复杂、由现象到本质的规律，特别是大学生正处于身心发展的阶段，这种规律和特点便更加明显。随着年龄的增长，大学生的感知能力、运动知觉有了很大的提高，抽象思维能力占有相对主导的地位，有意注意力发展显著，自觉性和灵活性也有所增强。此外，大学生的抽象思维能力有了较大的提高，辩证思维发展良好。

（2）学习能力发展特征

随着年龄的增长，大学生学习的动机、兴趣和能力也在不断变化发展，呈现出一定的特点。随着年龄的增长，大学生会越来越重视学习的效果和教师的评价，以及与社会意义和自身的发展联系起来，学习兴趣也开始分化和带有选择性、稳定性，学习的有意性和自觉性有了提高，独立学习的能力也逐步发展。

（3）情感和意志发展特征

情感和意志是心理发展构成的两个重要因素。情感是人们对客观事物的态度体验和相应的行为反应。意志是人们自觉地克服困难来实现特定的任务的心理过程。大学生的情感稳定，能很好地控制自己的感情；独立性、主动性和坚持性强，道德感、理智感达到较高水平，意志品质发展迅速。但由于大学生在情感和意志上有很大的个体差异，因此，不同大学生会表现出不同的情感和意志发展特点。

（二）学生体育学习能力研究

"体育能力学习是学生在体育学习活动中使体育学习活动得以顺利完成的个性心理品质的获得和内化的过程。"下面主要对学生学习动作技能的运动感知能力、运动表象形成的能力、身体平衡的能力进行重点分析。

1. 运动感知的能力

感觉和知觉的认识过程有所不同，然而它们又都是大脑在事物的直接作用下对事物的反映，都处于感性认识阶段，这是认识过程的第一阶段，也是它们的共同点。形成运动感知能力需要具备如下两个条件：第一，外界的刺激。例如，运动着的物体、固定静止的体育器材以及学生自身的运动等。第二，人体的感觉器官，如眼睛、耳朵、前庭器官以及肌肉与关节中所含有的感受器。学生对各种运动技术的学习都是以本体感觉为基础的，这是学习体育与学习其他学科的最大不同，学习体育的主要形式是身体活动，而学习其他学科的主要形式是思维活动。

2. 运动表象形成的能力

表象反映的是人脑过去感知过的事物形象。形成表象的基础是感知。人在脑中对感知得来的信息进行加工，从而形成感性形象的过程就是表象形成的过程。

一般来说，在学习体育的初级阶段与巩固练习阶段，学生动作表象的形成都是十分重要的。在体育教学过程中，教师将运动知识传授给学生的主要形式是运动概念和运动表象，学生通过观看教师的动作示范，听取教师的语言讲解，或通过观看视频（录像）等，对动作技术进行模仿练习。在练习中正确而清晰的运动表象在大脑中不断形成，以此来对动作技术与技能进行具体掌握。

3. 身体平衡的能力

平衡能力指的是学生在进行运动技术的学习时，身体各器官、系统与运动部位相互配合、相互协调，顺利完成动作技术的能力。平衡能力是运动技术形成的重要基础之一。先天遗传、身体素质、运动技能的贮存数量和学生的心理素质等因素都会对学生的协调与平衡能力造成影响。因此，在体育教学中应特别注意对学生身体平衡能力的判断与培养要符合学生实际。

二、大学生管理的内容

（一）体质健康管理

增强学生体质是学校体育教学的根本任务和主要目的。目前，我国大学生的体质状况并不乐观，近年来多项健康指标呈不断下降趋势，这一现象应该引起相关部门及领导的高度重视。在体育教学的过程中，必须采取必要的措施和手段加强学生的体质与健康管理，这需要做好以下几个方面的工作：

1. 健全组织机构

在高校校园中，体质健康检测的组织机构应定期对学生进行体质健康检查，并将健全组织机构纳入体育教学工作计划之中。大学生每年都应该进行全面的身体检查，检查的内容应包括身体形态发育水平、生理机能水平、身体素质与运动能力水平等。

2. 建立管理制度

学校相关部门应建立与健全学生健康管理制度，定期检查学生的体质水平，并将检查结果纳入学生档案。此外，针对体弱、伤残的学生还应建立专门的体育活动制度，开设体弱、伤残体育与保健康复体育课，加强对这类学生的体质健康管理。

3. 加强健康教育

学校有关部门与工作者要积极向学生宣传健康教育等方面的知识，如宣传清洁卫生和良好的生活习惯、宣传疾病意外伤害的预防、宣传营养保健、宣传心理卫生等方面的知识，从而提高学生的健康意识。

4. 建立健康档案

分班、分人进行整理学生的体质与健康档案，编写登记后汇入总登记册。要按照年级、班级、姓名进行定位陈列，以便于工作者随时检查阅览。

5. 科学检查评估

体育教师和学生体育管理工作者应定期、不定期地开展体质检查评估工作，深入分析和研究学生的体质与健康状况，采取有效的措施和手段，加强学生的体质健康管理。

（二）教学组织形式

目前，高校体育课堂的教学组织形式大致分为两大类，即班级教学和分组教学。这两种教学组织形式的划分对体育课堂上对学生的管理和教学有着积极的作用。它们都是以集体教学为基本形式，重视学生的多样化、综合化和个别化发展。

1. 班级教学

班级教学，又称班级授课制，它是当今体育课堂教学的最基本的一种形式。这里的"班"有广义和狭义之分,广义上的班是在对班级进行改造后形成的集体或团队;狭义上的班只是传统意义上的"行政班"或"自然班"。

班级教学的教学组织形式的优点是学生能用较快的速度来掌握体育知识和技能,体现出教学的实效性不利于学生探索精神、创造能力和实际操作能力的培养,能较好地发挥教师的主导作用。学生之间缺乏明显的联系,便于体育教师对课堂教学进行管理。30～40人由一名体育教师教学,能够体现出教学的高效性,若学生人数较多,教师难以照顾学生的个别差异。

2. 分组教学

分组教学是把一个班级根据某种形式分成若干个小组,然后由教师以小组为单位进行指导的教学形式。在教学实践中,分组形式的优势主要表现在两个方面:一方面,分组教学模式保留了班级教学的长处;另一方面,分组教学能解决对于部分学生区别对待的问题,有助于体育教师根据不同小组的不同特点进行有针对性的教学指导。

在高校体育教学的组织和实施过程中,体育教师既可以以学号为依据对学生进行分组,也可以以性别比例为依据对学生进行分组,还可以对全体学生进行随机抽号分组。但不管是哪一种分组,体育教师都应在教学开始前为每个小组指定一名组长,小组长一般为这个组中对课堂内容掌握较好的学生,在教学中应充分发挥小组长的模范带头作用。

现阶段,在高校体育教学中既要进一步完善班级教学,也要重视施行分组教学,以弥补班级教学制的不足。

(三)课堂纪律管理

课堂纪律是体育课堂教学效果的重要保证,因此,抓好学生的体育课堂纪律是提高教学水平的关键。

1. 严格要求学生

(1)要求学生做到上课要穿运动服和运动鞋。

(2)上课不要带小刀、镜子等危险品。

(3)上课时不可随便讲话,不迟到、不早退。

(4)认真练习体育运动项目的基本动作。

(5)学生之间要团结友爱,互相帮助。

2. 搞好课堂纪律

搞好体育课堂纪律是上好体育课的基础,应做好以下三个方面的工作:

(1)在教学过程中,体育教师应注意培养学生的自觉性。

(2)学校应制定相关规定,保证体育教师向学生提出要求能够得到各方面的配合和支持。

（3）体育教师应在每节体育课的结束部分对学生的表现进行总结，促使学生养成遵守课堂纪律的好习惯。

3. 培养体育骨干

在体育教学中，培养体育骨干，充分发挥体育骨干对学生的号召作用，能协助体育教师搞好课堂纪律管理工作，从而提高体育教学的质量。

4. 注意教学层次

良好的教学层次有助于教学活动的顺利展开和学生对体育学习过程的了解，体育教师在教学过程中要注意根据不同学生各自的身体情况来制定切实可行的教学目标，并采用切实有效的教学方法和手段，激发学生学习的兴趣，这样能保证良好的课堂纪律，提高教学质量。

（四）课堂教学控制

在高校体育教学过程中，为了使体育课堂教学活动按计划有条不紊地进行，体育教师必须认真掌控学生对于课程内容的接收情况，同时重视对课堂体育教学活动效果的监控，并随时将课程上已经达成的目标与预先设定的教学目标进行对比。一旦出现完成目标与预设目标滞后或偏差的情况，就应该积极采取措施使课堂教学活动回到正确的轨道上来。

1. 课堂有效控制的基本措施

体育教师应采取积极有效的措施对课堂教学活动进行管理控制，具体来说，教师可采取以下措施加快教学进程或是纠正教学偏差：

（1）引导控制学生的思维集中到课程上。

（2）在教学开始前明确本次课堂教学的具体目标。

（3）客观、科学地衡量教学实际达成的目标情况。

（4）认知分析教学偏差产生的原因，有针对性地采取纠偏措施。

2. 对学生课堂违纪行为的处理

体育教师应在学生课堂出现违纪行为之前积极预防。在体育教学活动开始之前，教师应凭借自己的教学经验采取积极有效的措施，先于学生课堂违纪行为发生前就做出预防性的管理，避免或减少学生违纪行为。具体来说，教师可以通过以下措施来预防学生课堂违纪行为的发生：明确体育课堂教学常规和行为标准；在体育教学中重视促成学生的成功经验；尊重学生、爱护学生，建立和谐的师生关系。

3. 对学生课堂偶发事件的处理

体育教学的特殊性要求体育教师根据经验在教学开始之前对课堂教学组织与管理做出周密、严谨的准备，对各种可能出现的各种问题进行预案，但是，偶发事件具有不确定性，在教学中发生不可避免。在体育教学过程中，一旦有偶发事件发生，体育教师首先要保持冷静，并迅速反应、及时控制、果断处理，争取将伤害降到最低。

（五）课外体育活动管理

在对学生进行课外体育活动管理时，要掌握以下几个基本原则：

1. 需要性原则

课外体育活动一般是学生自发主动参加的，学生根据自己的需要自主参加。需要能使人产生愿望，进而通过某种力量而引起人的各种活动。对于大学生来说，有提高技能的需要、强身健体的需要、实现自我的需要、交往的需要和休闲娱乐的需要等，所以参加课外体育活动能很好地满足这些方面的需要。

2. 多样性原则

学生参加课外体育活动都是主动和自觉的，都倾向于选择自己喜爱的运动项目。因此，在安排课外体育活动项目时，要以不同学生的实际需求为依据，选择那些既能促进学生健康，学生又乐于接受的体育运动项目。

3. 指导性原则

在体育教学中，体育教师有责任对学生进行指导，帮助学生选择适合自己的体育运动项目，指导学生科学地参加体育课外活动锻炼，从而提高体质水平。

4. 可行性原则

体育教师在安排课外体育活动项目时，一方面要考虑学生的实际需求，另一方面要结合学校的具体实际进行。目前来看，各高校体育锻炼的基础设施得到了较大程度的完善，基本上能满足学生的体育需求。

5. 激励性原则

学校应注重运用激励的方式引导学生积极参与体育活动。正确的激励方式可以激发学生参与体育活动的兴趣与积极性，学校总是希望学生养成经常锻炼的良好行为习惯。

三、大学生的体育素养培养

体育教育是大学生素质教育的重要组成部分，因此建立和形成一个大学生体育素质培养的体系对于大学生的素质教育来说是非常重要的。

（一）学生体育素养目标体系构建

健身是体育重要的功能之一。在学校体育教学中，它针对的是学生个体的身心需要。因此，在构建大学生体育素养目标体系的过程中必须要充分考虑学生的身心需要，采取各种措施和手段满足大学生的基本需求，有针对性地培养和提高大学生的体育素质。要遵循学生个体需要的基本原则，承认并接受学生间的差异，因材施教，促进每一个学生全面和谐的发展。

大学生体育素养培养的目标体系包括诸多要素和内容。其中体育知识、体育意识、体育行为、体育能力、体育品德是最为主要的内容。

1. 体育知识

大学生要想更好地参加体育运动锻炼，首先就需要具备多方面的体育知识，大学生通过对体育知识全面的认识和了解，能真正理解体育的含义及功能，培养自己正确的人生观和价值观，并形成良好的体育意识。大学生需要学习和掌握的体育知识主要包括以下内容：

（1）掌握基本的体育卫生知识，如体育运动与营养、运动损伤、运动保健康复等知识。

（2）掌握基本的体育运动锻炼的方法，主要学习和了解体育运动的方法及规则，明确体育运动的概念、体育的实施方式和手段等。

了解体育学科与其他相关学科之间的关系，了解体育教学的组织形式、结构与方法，身体锻炼的原则，体质的评定方法等。

通过对以上体育知识的了解和掌握能很好地指导大学生的体育运动实践，从而有利于大学生体育素养目标体系的构建。

2. 体育意识

社会个体的意识水平受各种因素的制约和影响，其中主要包括自身的文化素养、智力、思维习惯、认识事物的能力、个性心理倾向等。良好的体育意识能促使大学生更加积极、主动地参与体育运动锻炼，保持体育运动锻炼的习惯，让自己终生受益。因此，在学校体育教学中，要有意识地不断地提高大学生自我锻炼的意识，使学生在学习中由被动地位转变为主动地位，促使其以饱满的热情投入到日常的体育运动锻炼中，使学生完成从"要我健身"到"我要健身"最后到"我会健身"过程的转变。

3. 体育行为

体育行为是个体在体育运动锻炼过程中所呈现出的各种状态的总和。培养科学、合理的体育行为对于大学生体育素养目标体系的构建是极为重要的。体育行为是表现大学生体育个性的重要方面，大学生在日常的学习教学生活中，要具备良好的自我调节的能力，自信心强，以饱满的精神参与到日常的教学活动中。在体育教学过程中，要充分尊重学生个体的兴趣取向，鼓励其充分发展自己的特长技能。

4. 体育能力

大学生体育素养的培养，重点在于体育能力的加强和提高。大学生的体育能力主要包括身体运动能力、心理能力和参与该项体育运动需具备的基本技能。体育能力是大学生从事体育活动的基础，也是培养和发展大学生体育兴趣的重要前提条件。另外，大学生还应具备良好的体能；与运动项目相关的运动心理学知识；体育组织的能力、观察问题、分析问题和解决问题的能力、想象力和创造力等。只有具备了以上这些全面的体育能力，才能更好地培养大学生的体育素质。

5. 体育品德

体育品德是一个人在日常的体育生活过程中养成的体育道德规范，在体育活动的参与过程中表现出稳定的心理特征和个性倾向，是体育道德在个体体育行为中的具体体现。

良好的体育品德不仅能使大学生运动员在比赛中遵守比赛规则、尊重队友和对手，懂得合作，赢取比赛胜利，对学生走入社会之后，提高学生的社会适应能力也具有良好的作用。

（二）学生体育素养评价体系构建

大学生体育素养可以分解为 8 个一级指标，分别为体育知识、体育技能、体育能力、体育意识、体育行为、体育道德、体育精神、体育个性。针对这 8 个方面可以设计出 30 项二级指标（表 5-2），这 8 个一级指标和 30 项二级指标基本上涵盖了大学生体育素养评价的内容。

表 5-2　大学生体育素养评价指标体系

一级指标	二级指标
体育知识	体育的作用与功能、体育锻炼的原理与方法、体育卫生保健常识、体育健康的测量与评价、专项体育理论知识
体育技能	专项体育运动技能、专项体育技能
体育能力	专项运动能力、体育认识能力、科学锻炼身体的能力、体育组织能力、体育观赏能力
体育意识	体育参与意见、体育评价意识、终身体育意识、奉献与效率意识
体育行为	体育活动内容、体育消费、体育锻炼时间、体育信息获取
体育道德	体育道德风尚、体育行为规范、体育法规观念
体育精神	沉着果敢精神、竞争与创新的精神、团结协作与拼搏进取精神
体育个性	体育锻炼的态度和习惯、对体育的兴趣、对体育的动机、体育自信心

第三节 师生关系研究

一、高校体育教学中教师的主导性

(一) 体育教学中教师主导性的表现

1. 体育教师是贯彻体育教学指导思想的主导者

时代不同、时期不同，体育教学指导思想也就相应地存在差异。随着现代高校体育教育教学的不断发展，高校体育教师的体育教学思想也必须与时俱进。体育教学是在体育教师的指导下完成的教学活动，体育教师的教学指导思想直接影响体育教学实践。和以往相比，现代高校体育教学中，体育教师的体育教学指导思想主要体现在两个方面，一方面体现在体育教材的内容中，另一方面体现在体育教学的过程中。具体来说，体育教师对体育教学指导思想的贯彻主要体现在体育教学过程的准备阶段和实施阶段。

2. 体育教师是选择和加工体育教学内容的主导者

选择和加工体育教学内容是高校体育教师的一项重要工作，也是体现现代体育教师主导性的一个方面。现代高校体育教学包含正规竞技项目的教学，这类教学具有一定的难度，而且具有非常广泛的内容。高校体育教师作为大学生的体育知识、体育技术的重要传播者，科学选择体育素材并将素材加工成体育教材具有十分重要的意义。选择和加工体育教学内容，体育教师首先要考虑到学生的需要，其次要考虑到学科要求，此外还要考虑到社会对人才的需求，并将三者进行结合。精选出与高校大学生身心发展相符合、与体育学科特点相符合及与社会对人才的需求相符合的教学内容。

3. 体育教师是选择和运用体育教学方法的主导者

能否正确地选择体育教学方法和手段直接影响教学效果的好坏。现代体育教师是选择和运用体育教学方法的主导者，目前，市面上的体育教材为数众多，各类体育教材中对教学的方法和手段不尽相同，各有优势和弊端。体育教学方法和手段选择的正确与否会直接影响到教学质量的效果，因此，体育教师应选择与高校大学生的学习需要相适应的教学方法和手段，这就要求体育教师必须以教学目标和教学实际为根据，灵活、巧妙地运用各种教学方法，积极创设各种教学情境，促进高校大学生对体育的学习。

4. 体育教师是高校大学生良好学习方式的主导者

体育教师对学生的影响是多方面的，就学生来讲，良好学习方式的建立对高校大学生的体育学习有着积极的推动作用。高校大学生要想掌握正确的体育学习方法，必须以探究性和自主性的学习方式为基础，在体育教师的指导下进行科学有序的体育学习。只有在体育教师的引导下，学生良好的体育学习方式才能最终形成，才能更加灵活、自主和富有创造性。因此，引导高校大学生建立良好的体育学习方式是高校体育教师的一个重要的体育教学任务。

5. 体育教师是评价高校大学生体育学习的主导者

体育教师是评价学生体育学习的主导者，主要表现在高校体育教师在日常的体育教学中应时刻关注每一位学生的表现，并根据学生平时在课上的学习态度和学习成果进行评价：对于表现优异的学生要适时表扬以激励他们更加有动力的学习；对表现一般或对某项知识、技能领悟的掌握稍慢的学生应进行适度的鼓励并帮助他们解决学习中遇到的各种问题。最终使全体学生都得到进步和提高。

6. 体育教师是创造优良体育教学环境的主导者

对良好体育教学环境的选择、创造是高校体育教师在教学中的主导性的重要表现之一。与其他学科的教学相比，体育教学的教学环境具有特殊性，具有美观舒适、激励性特点，同时对教学的安全性有较高的要求。因此，体育教师必须具备良好教学情境的组织和创设能力，为学生营造宽松愉悦的学习环境，以保证体育教学活动和学生体育学习的顺利展开。

（二）体育教学中教师主导性的发挥

当前，体育教师在高校体育教学过程中的主导性的发挥具有重要作用。具体来说，应做好以下三个方面的工作：

1. 熟知高校体育教学的观念

熟知体育教材是指体育教师要明确体育"用什么教"和"怎么教"，具体来说，就是指高校体育教师要明确体育课的本质是什么，高校体育的教学绝不仅仅是教会学生掌握某种运动的技能，而是让学生通过体育运动的学习最终使他们"懂得什么""学会什么""体验什么""形成什么"。体育教师要认真分析社会对人才发展的需要和学生的学习动机，通过在体育教学中的积极引导，使二者有机结合起来。

2. 熟知高校体育教材的内容

熟知体育教材的要求和内容及其背后的体育学科基础、在脑海中形成有关体育的文化体系和技能体系的形象，有助于高校体育教师科学、系统地实施体育教学。在高校体育教学实践中，开展教学活动之前，体育教师必须明确其所教授的体育课程以哪本教材的内容为主，明确本教材的特点、重点、难点以及本教材与学生之间的关系，了解体育教材中的"科学体系",直接参与到体育教材的选择事务中去,搞清教材中各章节内容与教学总目标之间的关系。只有这样,体育教师才能知道"把体育教学导向目标的载体和道路是什么",才能实现理想的体育教学效果。

3.熟知大学生的身心发展规律和特点

高校体育教师要想把客观的运动技能学习与学生主观的条件相结合,就必须充分了解学生的身心发展规律和特点,才能把学生有针对性地导向最终的教学目标。在体育教学中,教师必须明确和熟知以下两点:

首先,学生具有统一性。不同年龄段的学生都具有一些统一的特征,如身体和心理发育特征以及基本相同的体育学习经验等,体育教师要研究与分析学生的这些共同特征,了解学生的共同学习兴趣、志向、需求、不足,合理展开教学。

其次,学生具有差异性。同一年龄段的学生之间存在着个体差异,如体格或性格特点相差较大,体育教师要认真研究与分析这些"特殊"群体的学生,了解不同学生在学习兴趣、志向和要求方面的差异,从而做到有针对性的引导,促使每一个学生都得到发展。

二、高校体育教学中学生的主体性

(一)体育教学中学生主体性的表现

学生是体育教学活动的主体,在高校体育教学活动中,大学生虽然接受教师的教授、指导和引导,但更多地表现出积极的态度和有独立性的、有创造性的学习行为,学习成为大学生的一种自觉能动性活动。

1.较强的学习的自主选择性

大学生在体育学习过程中对学习内容的自主选择性主要表现在两个方面,一方面是对学习内容的选择,另一方面是对学习方式的选择。学生主动参与教学内容选择是当代教学思想所提倡的,学生选择教学内容是学生自主性中最活跃的因素。当然,要明确的是学生选择体育教学内容是在体育课程专家根据社会和教育目标做初步筛选后制定的。学生对教学内容的自主选择有助于提高他们的学习兴趣,使他们的学习目标更加明确。因此,高校体育教师在选择体育教学内容时应主动让学生在教学目标的框架内参与一部分教学内容的选择,以强化学生学习体育的兴趣。

2.较强的学习能动性与自主性

学生在学习过程中的能动性表现在他们积极地参与体育活动,并能以自己已有的体育知识经验、认知结构和情意结构去主动地同化外界的教育影响,对它们进行吸收、改造、加工或加以排斥,使新、旧体育知识进行新的组合,这就是所谓的能动性。

大学生在体育学习过程中的自主性表现在他们对自己学习的方略有着独立自主的意识，这主要体现在思想意识的层面；对体育学习活动有着一定自我支配、自我调节和控制的可能性，这主要体现在个性化学习方式和个性化学习行为方面。此外，大学生在学习中能充分发挥自身的潜力（如想象力、变化能力和创新能力等），他们更喜欢探究性的学习。

（二）体育教学中学生主体性的发挥

随着体育教学的不断发展，当前，体育教师应树立"以人为本""健康第一"的教学理念，在体育教学过程中要尊重学生、关爱学生，要使大学生在高校体育教学过程中充分发挥其主体性，具体来说，应做好以下几方面的工作：

1. 教师的教学目标与学生的学习目标保持一致

在高校体育教学中，教师的授课目标应与学生的学习目标相符并尽量保持一致。教师要明确体育"为什么教"，要充分理解社会对体育教育的要求和期待，将教授的目标转化成学生学习的目标，将让学生"懂得什么""学会些什么""体验到什么""形成些什么"转化为学生的"我要懂得什么""我想学会些什么""我想体验到什么""我想形成些什么"。

2. 以学生学习的过程为主要依据设计教学过程

作为教学的两个方面，教师的"教"和学生的"学"是统一的。体育教师的体育教学应该为学生的体育学习与发展服务，通过体育教学提高学生学习与参与体育的兴趣、满足学生的体育学习和发展需求。体育教学过程中应充分考虑学生因素，以学生为中心展开体育教学。

3. 以学生学习的特点为主要依据选择教学方法

让学生具有自己独特的适合自己的"学习方法"是充分发挥学生的主体性的有效途径。在高校体育教学过程中，教师应指导学生，积极转变学生的学习方式，将单纯被动的学习方式转变成多样化的学习方式。鉴于高校大学生的智力发展特点和性格特征，要不断创新，鼓励学生进行"自主性学习"和"探究性学习"，培养学生的自主学习能力，培养学生的探索精神和创新意识，使学生通过创造性的自主学习获得和掌握新知识和新技能。

4. 创设满足体育教学需要的自由民主的教学环境

良好的教学情境能有效激发大学生的好奇心和探索精神，并诱发学生产生和提出各种各样的问题。教学的民主性是和谐的教学氛围的基本条件之一，它主要体现在教师尊重学生的人格，理解学生的学习基础和原谅学生在学习中的缺点和错误等方面。自由民主的教学环境的创设有助于学生能动地、有活力地学习体育知识与技能。

三、教师主导性与学生主体性的关系研究

（一）相辅相成

教师主导性与学生主体性在体育教学过程中是相辅相成的，二者相对存在，彼此互为依存。在体育教学中，学生的主体性与体育教师的主导性成正相关的关系，也就是说，学生的主体性随着体育教师的主导性越强而越强，随体育教师的主导性越差而越差。

体育教师的主导性重点表现在将体育教学目标加以明确，接着深入了解学生体育学习的动机、爱好、过程等，以此为依据设计体育教学过程，既便于激发学生的学习动机与积极性，也有利于体育教师与学生共同顺利完成体育教学目标。因此可以这样说，如果学生的体育学习效果良好，就可以说明体育教师对学生有了深入了解，教师也深刻理解了体育教材，体育教师选择的教学方法也是正确的，这都是体育教学主导性的表现。

（二）相互促进

教师主导性的强化有利于激发学生的主体性，具体分析如下：

从体育教学发展历程来看，正是传统体育教学中教师对学生主体性的忽视影响了体育教学的可持续发展，在体育教育改革不够彻底的环境中，以往一些体育教师对学生学习的主体性没有充分重视起来，没有对学生的学习动机与兴趣进行深入了解，因此造成枯燥乏味的体育教学。然而需要强调的是，这并不意味着体育教师具有较强的主导性，主导性不是指体育教师主观、呆板和武断的思想与行为，相反，体育教师不重视学生主体性的行为可以看出其对学生缺乏责任，不能有力地促进学生学习动机与积极性的激发，学生也无法与教师默契配合，教师的主导性也无从发挥，体育教学因此陷入一个尴尬的境地。

随着体育教学的改革，高校体育教学开始注重素质教育。素质教育重点强调在体育教学过程中要充分认识并重视学生学习的主体性，要把学生的主体性大力加以弘扬，要提高学生学习体育的兴趣与动机。但这并不意味着要将教师的主导性抛之脑后。然而，有些人很容易表现出极端意识或行为，过分强调学生的主体作用，宣传"一切由学生决定""学生的学要比教师的教重要"等错误思想，这是完全割裂学生主体性与教师主导性的错误表现。

当然，必须科学认识到，高校体育教学中对学生学习主体性的强调并不意味着要对体育教师的主导性加以否认或轻视，反而应该更加重视体育教师的教学责任与义务，严格要求体育教师的教学行为，不要片面地、盲目地分割学生主体性与教师主导性。

学生的主体性在其不同的年龄、学习与成长阶段具有不同的表现，在初中阶段之前，学生具有有限的知识学习能力与自立能力，这就需要充分发挥教师的主导作用。初中阶段之后，学生的知识学习能力与自立能力随着年龄的增长有所提高，其主体性才不断凸显出来。这也是高校体育教学要强调以学生主体性为主、教师主导性与学生主体性并重的重要原因。

第六章 高校体育教学课程理论

体育课程是体育教学与训练的基础，科学把握体育教学课程基本理论、深入了解高校体育课程设置的基础，开发体育课程资源，以此不断促进体育课程改革，这是对现代体育教育体系的完善与发展，对体育教学与训练的科学开展均具有重要意义。本章主要就上述内容进行深入分析与研究，以为体育教学课程的发展与完善提供思路。

第一节 体育教学课程基本理论

一、体育教学课程的特点

体育课程是整个学校教育课程的一个有机组成部分。体育课程与一般的科学文化知识课程相比具有鲜明的特点。

（一）目标的宽泛性

一般来说，学科体育目标都具有专一性，但是，体育课程不像其他课程只承担本门课程的教学目标，体育课程除了要完成体育教学的目标以外，还要促进学校体育其他方面的目标乃至教育目标的实现。

（二）时空的延伸性

从时间上来看，体育是我国唯一的一门跨越大、中、小三个学段的必修课程（有的大学的研究生院一年级也开设体育课）。从空间上来看，体育课程不仅限于校内，还延伸到校外，如家庭体育活动、社区体育活动和比赛等。

（三）内容的实践性

体育课程是以身体练习为主要手段的实践活动，并在从事活动的过程中，发展学生的体能。学习和掌握体育的知识、技术和技能，具有一定的运动负荷和良好的健身效果。

二、体育教学课程的内容

（一）体育健康保健课程

体育健康保健基本原理与知识是学校进行体育课程教学的首要目标和教学内容，也是运动技能的理论指导。在学校体育教学中，体育、保健基本原理与知识的教学主要有以下作用：

（1）通过教师向学生传授体育基础原理和知识，能使学生对体育、对人类社会、对国家、对自己未来生活和工作的重要意义的认识和理解更加深刻。

（2）学习体育健康与保健基本原理与知识能使学生进行体育锻炼时更理性、更自觉，从事运动实践时能够更科学、更合理。

（3）学习体育健康与保健基本原理与知识能使学生在接受保健与卫生知识的基础上，对健康的重要性和身体健康所需要的环境有一定的认识，能够对一些基础的保健手段与方法熟练掌握，从而更自觉地爱护环境、保持身心健康。此外，有助于学生形成正确的卫生保健意识和态度。

（二）具体体育项目课程

1. 田径运动课程

田径运动课程教学是学校体育教学的基础内容之一，具体来说，学校体育运动的教学主要包括走、跑、跳、投等内容的教学，同时，还包括一些基础的田径裁判和组织比赛常识和技能。

通过田径运动课程的教学，学生应充分了解田径运动的基础知识与概貌，对田径运动在锻炼身体中的意义和作用有个初步理解，对走、跑、跳、投等的基本原理和特征有一定的认识，对一些基础性、实用性较强的田径运动技能能够熟练掌握，并能熟练掌握田径运动中发展体能的方法和注意事项。

2. 球类运动课程

球类运动的教学内容主要包括篮球、排球、足球、乒乓球、羽毛球、网球、橄榄球等运动项目的教学。由于球类教学内容较多，而且其中的技术、战术较为复杂，呈现出相互依存、互相制约的密切关系，因此，和体育运动相比，球类运动内容的教学难度较大。

通过球类运动内容的教学，应使学生对球类运动的概貌和球类比赛的共性特征有个初步的认识和了解，能够有针对性、有侧重地掌握一至两项球类运动的基本技术和运用战术的技能，使学生能够有能力参加简单的球类比赛，并熟练掌握和简单运用球类运动的裁判和组织比赛的知识和技能。

3. 体操运动课程

体操运动的教学内容主要包括基本技巧、支撑跳跃、单杠和双杠等。

通过体操运动内容的教学，应使学生对体操运动文化的概貌有初步了解，对体操运动对人体的锻炼价值和作用有初步的认识，对于基本的体操原理和特征能够有所了解，对于一些典型的、具有较强实用性的体操技能及用体操的动作来进行身体锻炼和娱乐、竞赛的方法及注意事项能够熟练掌握。除此之外，还要学会运用保护与帮助的手法去安全地从事体操运动，熟练掌握并且能够简单运用一些基础的体操裁判和组织比赛的常识和技能。

4. 健美运动课程

健美运动的教学内容主要包括体育舞蹈、民间舞蹈、韵律操、健美操、艺术体操等。健美运动的教学内容具有将舞蹈、表现与运动相结合，并伴随音乐等旋律和节奏进行的特点，深受高校学生特别是女生的欢迎与喜爱。

通过健美运动内容的教学，应使学生对健美运动各项内容的基本特征有初步了解，对从事这项运动的一些基本原则和规律有一定的认识和了解，对基本的健美运动的技能和一些实用的套路能够熟练掌握。

此外，还要培养学生自编一些简单的动作和套路的创新能力，以培养学生良好的节奏感和身体表现能力，帮助学生创造完美体态。

5. 民族传统体育课程

民族传统体育的教学内容主要包括导引、武术、气功以及各民族的传统体育项目等。作为中国优秀的传统健身体育运动，武术不仅具有较好的身体锻炼效果，也深受我国学生的喜爱与青睐，在高校拥有广泛的学生基础。

现阶段，民族传统体育内容的教学过程中，在教学内容的选择上应重视以下两点：首先，教学内容要因地制宜进行选择；其次，教学内容应对民族传统体育文化的弘扬有利。总之，通过民族传统体育教学课程内容的传授，应使学生能够初步了解中国优秀、丰富的民族传统体育情况，建立用这些体育运动来健身、自卫的意识。同时，在学习民族传统体育运动技能的基础上，领会中国传统体育的"武德"精神，培养学生的爱国精神和民族自尊心。

6. 野外生存与拓展训练课程

野外生存与拓展训练是近几年开展的新的体育教学课程内容，它具有挑战性、风险性、趣味性和实用性等特点，对学生的素质培养和全面发展具有非常重要的作用，也使学生在与自然的亲密接触中学会了野外生存生活的基本技能，改善了学生在挑战各种困难过程中的心理素质，提高了学生在协同解决问题过程中的社会适应能力。

当前，野外生存与拓展训练引起了社会的广泛关注，这为野外生存生活训练进入学校体育课程奠定了良好的基础。很多学校都举行了野外生存生活训练,效果非常好。

随着我国经济与教育的发展,野外生存与拓展训练必将以其显著的健身特点、体育魅力及社会价值,成为我国未来体育的重要发展方向。

(三)体育道德与礼仪课程

1. 体育道德课程教学内容

体育道德是指在体育范围内形成的稳定的道德观念、行为规范的总称,是用于调整体育活动内部人与人、人与社会之间各种关系的行为准则,包含体育与道德的本质特征,是二者本质上的有机统一。

当前,高校体育道德课程主要教授学生以下基本内容:

(1)公平:"公平竞争"赋予人的一切都是通过平等基础上的竞争来实现的,是体育比赛中运动者"平等"权利最直接、最实际的体现,这种平等抛弃了参赛者的政治、经济、文化背景,也不顾及参赛者的自身条件,只考虑一个宗旨,即让每个参赛者都有均等的获胜机会。

(2)诚信:学校体育教学是培养和弘扬诚信的生动载体。在体育教学中,教师要为学生做好诚信的表率,给学生潜移默化的影响。这就要求教师在教学时要表里如一、言行一致,公平地对待和爱护自己的每一名学生,另外在教学中不能采用生搬硬套、牵强附会的方式进行教育和引导,而应结合教学内容进行诚信教育和引导。

(3)礼貌:体育教育在学生的成长过程中起着重要的作用,体育课程在培养孩子文明礼貌方面具有自身的优势和特点。无论是古代还是现代,体育活动、比赛中都伴随着重要的礼节、礼仪仪式,所以说体育中礼貌是社会礼貌、礼仪的浓缩,体育教师要充分利用体育教学对学生进行礼貌教育。

(4)友爱:友爱就是在体育活动和比赛中要大力提倡以文明礼貌、助人为乐、互助互爱为主要内容的社会公德。在体育活动或比赛中形成平等友爱、融洽相处、共同前进的氛围和人际环境。

(5)善学:所谓"善学"就是在获得必要的基础知识、基本技能的同时,掌握有效的学习方法和策略,具有自我调控学习过程的能力,即通常我们所说的"学会学习",所以在体育教学中,教师不仅要帮助学生"学会",而且要指导他们"会学"。

2. 体育礼仪课程教学内容

体育礼仪蕴含着对人类的发展具有启迪和影响作用的有价值的思想、作风和意识。体育运动涉及各种体育礼仪、各项体育比赛及各类体育活动参加人员(运动者、裁判员、教练员、观众和其他工作人员等)之间的相互关系。在紧张激烈的体育赛事中,体育礼仪让人们感悟分享其中的和谐、温馨、友谊、进步和团结,使体育运动和体育赛事充满了浓浓的人文关怀。

体育运动的特殊性决定了体育礼仪与其他活动礼仪的不同。总的来说，现代体育礼仪包含三方面的内容。

（1）在一定场合举行的体育仪式，如开幕仪式、颁奖仪式、闭幕仪式等。

（2）体育活动人员在体育活动中应该具有的仪容仪表、行为举止、服饰、语言及礼貌礼节上的礼仪规范。

（3）能够形象地体现体育活动的价值取向和文化内涵的各类体育知识。这是体育礼仪中最具有教育意义的内容。

三、体育教学课程的任务

（一）传播体育知识

在体育课程教学过程中，体育教师承担着传播体育知识的重要责任，因此，体育教学具有传播体育知识的重要功能，体育课程教学主要是通过改造学生身体的手段来实施教学的，从教与学的角度来说，可以将体育知识形容成一种"身体的知识"。这种知识最初伴随着人类的发展而发展，每个人类社会时期都有相应的"身体的知识"的传承。如在原始社会，身体的知识就是人类通过走、跑、跳、投、打等动作捕获猎物或逃避猛兽的追捕等行为。而在现代社会中，体育知识的传承内容变成了某项体育运动（如篮球、体操）的基本知识或某些体育技能。

应该认识到，体育课程教学中对体育知识的传承不是简单的"身体的知识"的模仿，更多的是通过体育教学，来向教学对象——学生，传承体育文化，即体育教师通过体育教学课程内容向学生展现、传授和体育教学课程内容的相关文化。

（二）传授运动技能

体育课程教学是传授这些运动技术的最好方式。体育教学中所涉及的体育运动技能对于人体的要求不再像过去那样严格，这里的运动技能主要是指球类、武术、田径和游泳等运动技巧和方法。

就我国高校体育课程教学现状来看，体育教师主要以体育教学课程内容为依据对学生传授体育知识与相关技能的双向信息传送的过程。因此，运动技术就成为体育教学的主要内容，也是重要内容。具体来说，教师在体育课中传习的是各项具体运动技术，如足球运动中的传球技术，甚至可以细分到内脚背传球技术。因此，运动技能的训练离不开运动实践。

在体育课程教学中，体育教师是运动技术的掌握者和传播者，在向学生传授运动技术的过程中发挥着十分重要的作用。体育教师对运动技术的传授应从简单的、入门的、基础的入手，在此之后逐渐积累，由简到繁。运动技术不同于其他学科的学习，它不仅需要学生对运动理论有深刻的了解，还要身体力行地亲身参与技术练习，在无数次的重复中逐渐在脑中和身体上建立起对技术的表象反应，最终到熟悉动作以及可以在下意识的情况下做出正确的动作。整个教学过程是循序渐进的。

（三）传承体育文化

体育的教育功能对学生的影响可以拓展到一生，实现终身教育。从某种意义上讲，体育教学真正的目的在于教会学生正确的体育运动方法，使其能在未来的生活中对身心产生持续良好的影响。体育教学也可以看作一种体育文化的传承。体育知识、运动技能的传授都是为体育文化的传承而服务的。从文化的发展角度来看，传承体育文化是一个长期的、系统的过程，要想真正实现体育教学传承体育文化的功能，就必须使学生通过不同阶段的体育教学，学习到较为完整的运动知识、运动文化。具体应从以下几个方面着手：

1. 重视体育课程教学的连续性

保证单次体育课内容之间教学的连贯。可以把体育课中传习的各种小的运动技术累加起来，学生学到的是某个运动项目的完整技术。继续累加，就学到了各种运动技能。

2. 保证不同阶段体育课程教学的持续发展

体育教学是由每周两至三次的体育课组合而成的一种贯穿全年的教学计划。其中根据不同的教学周期可以分为课程教学、周教学、学期教学及学年教学。比学年教学周期更长的就是多年教学，如小学体育教学、初中体育教学、高中体育教学和高校体育教学，因此，应将这几个不同阶段的体育教学有机统一起来，以促进学生对体育文化系统、全面地掌握和传承。

3. 充分发挥学生在体育课程教学中的主体性作用

"以人为本"是当前体育教学的重要指导思想。即体育教学要对每一个学生的需求都表示足够的尊重，要对学生的兴趣和动机选择充分满足，并实施分层教学，具体要以学生运动技术能力的个体差异为依据进行，鼓励学生坚持学习自己感兴趣的体育课程，对学生的体育潜能不断挖掘，鼓励其充分发挥自己的特长潜能，从而不断实现自身擅长运动项目的更高目标，提高自己的专项运动技能水平，并在此基础上不断突破，从而促进其身心的健康发展，提高其社会交往能力以及社会适应能力。

"以人为本"的教育教学理念的追求使得人类自我知识的回归不仅代表了体育教学的特殊性，也赋予了体育教学知识传承的特殊意义。具体到体育课程教学中，要求教师在体育课程教学的开展和实施中重视学生的主体性作用，因为学生才是体育文化的继承者和传承人，体育课程教学就是要发挥体育文化的传承功能，使体育文化能通过体育课程教学获得长久的传承。这也是现代教育强调以人为本的重要原因所在。

（四）体验运动乐趣

乐趣是体育的特质。一个运动项目从不会到熟练掌握，人们会有一定的成功感和乐趣感。运动中友伴之间的巧妙配合也能产生许多意想不到的乐趣。体验运动乐趣是人们从事身体运动和体育比赛的重要目的，让学生体验运动乐趣是体育教学的目的之一，也是体育教学功能的主要表现之一。在学校体育教学中，教师应根据学生个性的、身体素质等的差异，让他们在掌握运动技能和进行身体锻炼的同时，体验运动的乐趣，以使学生喜爱运动并养成参加运动的习惯。

具体来说，通过体育课程教学使学生充分体验到运动的快乐，教学实践中，教师需要做好以下工作：

1. 正确对待和理解运动乐趣问题

体育运动多由体育游戏转变而来，每一个体育运动项目都有其固有的乐趣，这些乐趣来自该运动项目所特有的运动过程和比赛特征。被选入教材的运动项目或是游戏也是如此，只不过有的运动项目乐趣明显，有的不太明显。教师应该结合教材，结合学生实际，结合教学目标，结合教学手段，深刻理解和运用运动乐趣。

2. 在教学中学生不断获得成功的运动体验

体育课程教学往往以身体练习为主要内容，练习过程较为枯燥，很多学生经过自己的刻苦努力，不断练习提高，较好掌握了运动技能，获得了极大的成就感，他们对运动乐趣的体验就比较强烈和深刻。因此，学校体育教师应该采用各种教法、手段，让每个学生都有机会获得成功的运动体验，从而提高学生参与运动的积极性与主动性。

3. 开发利于学生体验运动乐趣的教学方法

在体育课程教学中，教师要善于采用多种方法来帮助学生体验运动的乐趣。如采用挑战性练习法、游戏法、让位比赛法、分组总分比赛法等教学方法。通过情节化、游戏化、竞赛化、简化、生活化等多种手法，让学生能够充分地、平等地体验到体育运动中的各种乐趣。

（五）促进学生身心健康发展

1. 促进学生的身体健康发展

体育运动的健身功能是客观存在的，增强人民体质是发展体育运动的本质属性。经过长期的改革与实践，现代高校体育课程在规划设计教学大纲、选择教材内容、安排课时、实施教学组织等方面已逐渐合理化与科学化。

当前，实现体育教学的健身功能是我国学校体育教学的根本目标，要实现这一目标，需要教师做好以下几点：

（1）遵循体育教学规律。教师应根据体育教学的规律特点，将各种行之有效的健身内容、方法与手段（健身的、竞技的、娱乐的、保健的等）应用到体育教学中去，有机协调并统一体育教学的教育性、健身性、竞技性和娱乐性等特征，从而提高体育教学质量，促进学生积极参与体育运动，科学地进行体育锻炼，进而达到强身健体的效果。

（2）合理安排运动负荷。教师应注意将运动控制在科学的范围之内。为保证学生身体的健康，体育教师应酌情掌控运动负荷强度。学生亲身参与体育运动实践在体育教学活动中是必不可少的。而既然参与运动实践，就必然会使身体承受一定的运动负荷。合理的运动负荷对发展学生身体素质有极大的帮助，它对学生的机体或多或少会产生一定的刺激与影响，其影响的程度要视运动项目的内容、学生身体素质、持续运动的时间、运动间隙时间、营养补充等状态而定。只有服从学生身体发展状况的身体活动天赋，才能取得良好的教学效果。

（3）突出锻炼重点。当前，体育教学课程内容丰富，不同的运动项目对身体的锻炼重点不同，例如，足球运动对人体的耐力、爆发力、速度和灵敏素质有着较高要求；游泳对人体心肺功能和协调能力有较高要求等。在体育课程教学中，教师应结合学生的身体状况有区别地、有针对性地选择合适的体育教学课程内容，组织学生进行体育锻炼，使学生获得身体的合理发展。这要求体育教师在制订教学计划时就要对学生的普遍体质与运动基础有一个清晰、全面的认识，并遵循体育教学的规律，运用科学的教法合理组织体育教学，以此来有效发挥体育教学的健身功能。

2.促进学生的心理健康发展

体育课程教学应促进学生的心理健康发展。体育教学促进心理健康的功能主要是通过教师传授来实现的，因为教师的一言一行无时无刻不影响着学生的思想。这些行为都是在潜移默化中进行的，因此，教师必须身体力行、为人师表，为学生做出表率与榜样。

第二节 高校体育课程设置的基础

一、体育教学系统基础

体育教学系统隶属于教育领域这个大系统。它是由被当作体育教学系统的子系统，如体育教师、学生、体育教学课程内容、体育教学媒体等这些要素构成的。大学体育课程设置需要考虑体育教学系统的特性。

（一）体育教学系统的构成

1. 体育教师

体育教师是教授者，离开这个要素，构不成教学双边关系，也形不成教学活动。在体育教师这个教授者要素中，既包含体育知识、运用教学媒体和教学方法的能力等要素，也包含教师的主观努力程度方面的要素。对教师集体来说，既有青年、中年和老年等要素，又有带头人、骨干和助手等要素。

2. 学生

学生是体育教学的对象，没有学生这个要素，教学就会变成没有意义的活动。在学生这个教学对象中，就其个体来说，既包含体能结构、智力结构、体育知识和锻炼方法结构、运动技能结构、社会适应能力等要素，也包含学生个体的主观努力程度方面的要素。在体育与健康课程标准的六个水平目标级的教学体系中，学生群体既有普遍性的要素又有特殊性的要素。

3. 教学内容

体育教学课程内容是一定体系内的体育与健康科学知识、体育锻炼方法和运动技能体系，主要表现为教材。体育教学活动的不同侧面各有很多要素。就体育教材本身来说，不但包含教授体育与健康知识、技能的要素，而且包含发展学生智力，培养体育情感，提高学生社会适应能力的要素。就其与学生的关系来说，既包含学生已经获得的运动技能，又包含学生有待发展的运动技能。因此，离开了体育教学课程内容这一要素，也就构不成体育教学活动。

4. 教学媒体

在体育教学中师生交换信息时承载和传递信息的工具即为教学媒体。体育教学媒体不仅包含文字、语言、动作示范等视觉要素，还包括记录、储存、再现这些符号的实体要素，如图片、模型、电视、录像、电影、电脑模拟等，独立成为系统。体育教学活动是师生间信息加工和交换的过程，离开了教学媒体，信息交换就会中断，也就无法进行正常的体育教学活动。

5. 教学方法

体育教学方法是指为达到体育教学目的，教师和学生所采取的方法、途径、手段、程序的总和。体育教学方法体系中的每一类方法对提高体育教学质量都具有特定的功效和重要的价值。值得注意的是，任何体育教学方法都不是万能的，需要教授者切实把握各种常用体育教学方法的功能、特点、适用范围以及应注意的问题等，并使其在体育教学实践中有效地发挥作用。

体育课程教学是在体育教学目标的支配下，由以上五个要素组成的一个具有整体功能的有机统一体。在课程教学中，应充分考虑以上各要素的科学化发展，以促进良好课程教学效果的实现。

（二）体育教学系统的特性

体育教学系统是以人的集合为主，包含信息和媒体的复杂系统。它既有复杂系统的共同特性，又有体育教学活动自身具有的特性，主要表现在以下几个方面：

1. 目的性

目的性是指体育教学系统是以体育与健康课程为目标的，即体育教学系统是为了向学生传播系统的体育与健康的科学文化知识而建立的，它有助于学生学会锻炼身体的方法，有助于促进学生身体、心理的全面发展。它明确了体育教学目的，有利于提高体育教学系统的有序性，使进入体育教学系统的各要素具有共同的运动方向，从而能有效地实现体育教学系统的既定功能。

2. 控制性

体育教学系统既定目标的实现是需要有协调的控制机制的，因为一个系统要获得所需要的功能，维持正常运行，必须对各要素进行控制。控制的基本条件是反馈，在体育教学系统中，通过体育教学评价为系统运行提供反馈信息，使体育教学系统做到有效的控制，从而实现教学的目的和任务。

3. 整体性

体育教学系统不是各要素的简单集合。组成体育教学系统的各要素不是孤立存在的，而是为了达到体育系统的基本功能而紧密联系在一起的。

整体性主要由体育教学系统的五大构成要素组成，即以上所述的体育教师、学生、教学内容、教学媒体和教学方法。其中体育教师是体育知识技能和锻炼方法的传授者、教学活动的组织者，离开了教师，学生的学习就缺乏引导。而一旦离开了学生这一要素，体育教师也就失去了特定的施教对象，变成了一般的传播者。在体育教学中，体育教学课程内容是教师教和学生学的客观依据，要借助于某些体育教学方法和体育教学媒体来传播。教学方法和教学媒体也是相辅相成、相互关联的。

因此，以上五个要素的有机关联，使体育教学系统保持了本身的质的规定性。体育教学系统具有的整体水平的功能是其各个组成部分所没有的，所以说，体育教学系统具有整体性特点。

4. 复杂性

体育教学系统的构成要素众多，各要素不同程度地具有不确定性，并且各要素之间的关系纵横交错，所以体育教学系统具有复杂性。以体育教师和学生这两个主体要素为例，其教与学的效果取决于各自的知识、技能、传播沟通技巧、身体素质水平、社会和文化背景、教与学的态度等。其相互作用需要由一系列的体育教学目标、体育教学课程内容、体育教学原则、体育教学方法、体育教学媒体等来维系。此外，体育教学活动在体育场馆中进行，运行的环境比较复杂，这就导致体育教学系统的结构和运行过程也显得较为复杂。

5. 开放性

体育教学系统还需要通过不断与环境交换能量和信息来实现自我维持，它的构成和运行受社会的政治、经济、科技、文化、教育等发展的约束或影响，同时又对这些社会因素产生反作用，而且体育与健康课程又与全面健身、竞技体育有着密不可分的关系。因此，体育教学系统是一个开放性系统，具有开放性这一特点。

6. 成长性

随着社会的进步和不断发展，对现代人才培养质量的要求也越来越高。在体育教育方面也不例外，这就需要有高水平的体育师资，有适应社会发展的体育教学课程内容，有体现科技水平的体育教学媒体。因此，在体育教学系统中，体育师资水平的不断提高，学生的不断进步，体育教学课程内容和方法的不断更新及体育教学媒体的更加多样化，都充分说明，体育教学系统具有高度的成长性特点。只有具有成长性这一特点，体育教学系统才能在教学中成长得更加完善。

7. 动态性

体育教学系统的成长性也反映了体育教学系统的动态特性。一方面，要通过制订一系列的计划、条例、原则来维持体育教学系统的相对稳定性；另一方面又要适应环境变化的要求，创造出新的体育教学思想、体育教学方法、体育教学模式和体育教学媒体。只有这样，才能使体育教学系统的构成要素表现出一种动态的平衡，使体育教学系统在渐变中持续发展。

8. 反馈性

为了维持体育教学系统的平衡和稳定，保证其正常运转，系统必须具备自我调节的能力。这里的反馈是指从系统的环境中所收集到的有关系统产物的信息，特别是那些与产品的优缺点有关的信息或者由系统产生的错误所导致的信息。系统是通过反馈这一环节使自己处于一种相对稳定的状态。对于体育课程设计而言，其产品就是教学设计方案，而优缺点则是指教学设计方案的可行性如何。

总之，体育教学活动是一种社会实践活动，它不仅自成系统，同时也是学校教育系统中一个子系统。体育教学课程设计是一个复杂的系统，它受诸多教学要素的影响和制约。因此，我们只有从系统理论所提供的思想和方法出发，研究体育教学设计的过程，同时了解体育教学设计各要素的结构、功能及特点并整合各要素的功能，深入了解各要素之间的关系，并通过严密的分析和精心的策划，充分发挥各要素对体育教学设计的良性作用，才能设计出高质量的体育课程教学方案。

二、学生身心发展基础

（一）人体生长发育规律

1. 人体生长发育规律概述

人体的生长发育是一个连续、统一的发展过程。这一过程受社会环境、体育锻炼、遗传、营养等多种因素的影响，因此会存在个体差异，但同时也遵循着共同的基本规律。青少年生长发育的规律主要包括身体形态、生理机能和身体素质等方面，它们相互依存、相互影响、相互制约。

2. 人体生长发育规律指导下的体育课程教学

体育教学是以学生的身体练习为主要手段，体育教学的核心是促进学生的健康、增强学生的体能，目的是促进学生的全面发展。体育课程设计就是为了最大限度地挖掘体育教学在促进学生生长发育、提高学生身体机能、增强学生体能等方面的有效性。因此，应该充分了解青少年学生的生长发育规律、有机体的机能特征以及不同年龄阶段学生的身体素质特点，从而为进行具体的体育课程设计方案提供基础和条件。

青少年的生理特点对体育课程教学有着重要影响，具体表现如下：

（1）在对学生的学习需要和具体特征进行分析时，尊重学生的生理发展特点，有利于我们准确把握体育教学中存在的问题。

（2）在分析、确定或创编体育教材内容时，考虑青少年的生理发展特点，可以使选择的体育教材内容充分发挥其在体育教学中的载体作用，为体育教学目标和任务的完成提供条件。

（3）在制定体育教学目标、选择体育教学策略和安排体育教学的过程中，遵循学生的生理发展特点，有助于设计出适宜的体育教学目标、有效的体育教学策略，以及丰富多彩的体育教学课程内容。

总之，体育教学课程设计应遵循学生的生长发育规律，重视各种规律对体育教学的积极影响和制约。只有这样，才能设计出真正体现新体育课程理念、新体育课程目标和任务的体育课程方案。

（二）身体机能适应规律

1. 身体机能适应规律概述

在正常情况下，人体各器官系统的活动相互协调、相互制约，处于相对平衡的状态。适应就是使有机体内外环境不断取得平衡的过程。这种相对平衡的状态是人体生命存在和人体机能正常活动的必要条件，人体机能适应性规律。

在运动过程中，学生的身体机能的适应规律一般要经历以下五个阶段。

（1）刺激阶段。训练初期，运动者的机体需要接受来自各方面的几种刺激。

（2）应答反应阶段。运动者在运动负荷的刺激下，机体内部各器官和运动系统的功能产生兴奋，并将兴奋传输到机体各个器官中，最后使整个机体都进入运动状态，以实现机体对外界运动负荷的生物应答反应。

（3）暂时适应阶段。在运动过程中，运动者的机体器官和系统持续接受刺激，并持续对这种刺激做出反应。经过一段时间的运动，运动者的机能就会进入良好的工作状态，在运动过程中的各项生理指标表现出稳定的状态。随着运动训练的继续进行，当机体某应答指标虽不再上升也能承受外部刺激时，表明机体已经适应了当前的运动刺激。

（4）长久适应阶段。长久适应阶段是使各相应的机能系统和组织器官，在全面增加和系统重复各种外部运动刺激的基础上产生较为明显的身体结构和机能方面的改造。主要表现为机体运动器官和身体机能的完善与协调。

（5）适应衰竭阶段。当运动者对自己的运动安排不科学合理时，在运动过程中身体某些机能会出现衰竭的情况。例如，为了快速实现训练效果而不合理地加大运动量，使机体承受过度训练、遭受损伤。

2.身体机能适应规律指导下的体育课程教学

体育教学之所以能通过体育活动和锻炼对学习者的有机体进行生物改造，达到增强体能、增进健康的目的，就是因为有身体机能适应规律的存在。学生身体机能适应规律对体育课程设计有着积极的影响，主要表现在以下两方面：

（1）在具体的体育教学模式、体育教学方法和体育教学手段设置时，遵循学生的身体机能适应规律，使我们所选择的教学模式、方法、手段有利于促进学生体能的增强和活动能力、健康水平和体育动作技能的提高。

（2）在进行设置时，准确把握学生的身体机能适应规律，有助于设置出更科学、更有效的体育课程方案。

（三）运动技能形成规律

1.运动技能形成规律概述

运动技能是一种习得的能力，是按一定的技术要求，通过练习而获得的精确、流畅和娴熟的身体运动能力。运动技能也指在准确的时间和空间里在大脑皮质主导下的肌肉的协调性。运动技能的形成是由简单到复杂的过程，并有建立、形成、巩固和发展的阶段性变化和生理规律。

一般来说，人体在参与体育运动及其训练的过程中，动作技能形成会经历以下三个基本阶段：

（1）运动条件反射

研究表明，感觉首先是一切运动的开始，其次是心理活动的产生，最后表达到肌肉，并形成一种反射效应。研究证明，大脑皮层动觉细胞可以和皮质所有其他中枢建立暂时性神经联系，包括内、外刺激引起皮质细胞兴奋的代表区在内。运动的生理机理是以大脑皮质活动为基础的暂时性神经联系。因此，可以认为，人体掌握运动技能的生理本质，就是人体建立运动条件反射的过程。对于人体来讲，运动技能与一般运动条件反射是不同的，二者的区别在于运动技能的形成具有连锁性、复杂性及本体感受性。具体表现如下：

①连锁性。一般情况下，运动者运动技能的反射活动是连续的，前一个动作的结束同时又是后一动作的开始。

②复杂性。个体的运动技能包含多个中枢参与形成运动条件反射活动（如视觉中枢、运动中枢、听觉中枢、皮肤感觉中枢以及内脏活动中枢）。

③本体感受性。在条件反射的过程中，肌肉的本体感受性冲动（传入冲动）发挥了重要的作用，如果没有这种本体受性冲动，就不能强化条件刺激。同时，由运动中枢发放神经冲动传至肌肉效应器官引起活动的复杂过程条件反射就不可能形成，也就不能够掌握运动的技能。

在体育运动中，运动者的各项运动条件反射是由多种简单的非条件反射综合起来共同构成的。大脑的各器官发育成熟后，机体在这些非条件反射的基础上，经过听觉、触觉、视觉和本体感觉与条件刺激物多次结合，形成了简单的运动条件反射（具体表现为各项运动训练技能的发挥）。

（2）技能信息传递与处理

所谓运动技能的信息处理，是指人对外界环境刺激到发生反应的过程。人在这个构成中就是信息处理器，人对外界环境的刺激到发生反应的过程就是信息处理的过程。这一生理过程对个体学习运动训练具有重要的影响。

具体来讲，运动者学习并熟练掌握运动训练技能后，对运动技能的再现过程中的信息源（刺激）的来源具体如下：

①运动者技能的体内信息。运动技能的体内信息主要来源于大脑皮质的一般解释区。该区域是由躯体感觉、视觉、听觉联合区共同构成的，是人体视觉、动觉、听觉的汇合区，它们本身有自己的感觉体验与分析能力，信号就是从这里转移到脑的运动部位来控制具体的动作。

②运动训练的学习过程是体外信息源。当教练员发出信息（强度、形式、数量等），通过大脑分析，将这些具体的信息传输给运动训练者，运动者通过自身的感觉器官，经过大脑皮质分析综合形成概念并进一步指挥肢体完成具体的技术动作。

（3）技能信息的反馈

运动者在学习运动训练技能的过程中，肌肉的用力状况、用力时间、协调功能等需要不断改正，如做某一技术动作时，用力太大需减少，用力慢了需加快。这种从动作感觉或结果反过来校正动作的过程就是运动技能的校正，即运动生理学的反馈原理。

在体育运动过程中，合理运用反馈原理，对于运动者动作技能的不断精确和完善是非常重要的，可以促进运动者准确、熟练地掌握运动技能，并准确完成指定训练动作。在现代体育课程教学中，体育教师应善于钻研先进的运动训练理念，加大对体育运动训练的研究力度，还要借鉴国外的经验。取其精华，去其糟粕。只有这样才能重新建立更加全面、完善、系统的体育教学思路与体育运动训练思路，才能促进体育课程教学的完善与进步。

2.动作技能形成规律指导下的体育课程教学

新课程的内容标准分为五个学习领域，即运动参与、运动技能、身体健康、心理健康和社会适应。其中，运动技能学习领域直接体现了体育与健康课程以身体练习为主的本质特征。运动技能也是实现其他领域学习目标的主要手段之一。因此，运动技能教学仍是我们体育教学的核心。

在体育课程设计中，运动技能的形成规律主要影响体育教学目标的制定、体育教学策略的选择以及体育教学过程的组织和实施。只有严格地遵循运动技能的形成规律，才能制定出准确而适宜的知识、技能学习目标，才能设计出实用性好、针对性强的体育教学方法和手段，也才能较好地实施和控制体育教学过程。因此，体育课程设计必须遵循运动技能的形成规律。

（四）学生心理发展特点

现阶段，为了更有效地实现体育课程教学目标，增强学生的健康、体能，使学生掌握体育与健康基本知识和技能，培养学生积极参与体育活动的态度和行为，培养学生健康的心理以及良好的社会适应能力，在体育教学中，就要充分了解和掌握不同年龄阶段学生的心理特征和不同的心理特点。学生学习和掌握体育与健康的知识和技能、增强体能、增进健康的过程不仅需要学生的身体参与，而且对学生的心理过程也有较高的要求。培养学生积极参与体育活动的态度和行为及健康的心理，更需要我们深入地理解心理学的相关原理，并应在体育实践中有效地加以应用。

学生的心理发展特点是体育教师科学开展体育教学需要遵循的主要规律之一。因为学生进行体育学习时受其心理发展特点的影响和制约。学生心理发展的特点对体育课程教学的影响，体现在以下几方面：

（1）只有在清楚地把握学生的心理发展特点，才能准确地分析学生的学习需求和特点，准确地确定学生的起始状态，为后续体育教学活动的安排提供依据。

（2）只有了解学生的心理发展特点，才能制定出具体的、可操作性强的体育教学目标，为体育教学活动的开展提供准确方向。

（3）只有充分掌握学生心理发展的特点，才能选择或创编符合学生心理特点的体育教材内容，并使其充分发挥实现体育教学目标的载体作用，激发和保持学生对体育学习的兴趣，调动学生的学习积极性和主动性。

（4）只有准确地分析学生心理发展的特点，才能设置出高效的体育教学模式、方法和手段，为体育教学目标的实现提供保障，才能为体育教学的全面实施提供完整的、具体的思路。

总之，充分掌握学生的心理发展特点和规律，是高质量体育教学方案的基础，对体育课程设置的整个过程起着积极的作用。

第三节　体育课程资源的开发与利用

一、体育教学课程资源开发的原则

体育教学课程资源的开发需要遵循一定的原则，在此主要对开放性原则、针对性原则、时代性原则、合作互补原则和开发与利用相结合原则进行简要分析。

（一）开放性原则

开发体育教学资源要解放思想，不能局限于条条框框的限制，要打破时间、空间、学科、领域、途径的界限，要保持开放性心态并遵循资源开发的开放性原则，尽可能开发利用有益于体育课程实施活动的所有体育教学课程资源。体育教学本身作为一种开放的、不断变化的系统，其内容资源的开发同样要注意遵循开放性原则，具体来说，包括以下几个方面：

（1）系统的开放性。在进行体育教学课程资源开发时，要统筹全局，从本校的宏观体育教学系统出发，充分利用该系统内的各种教学资源和其他为教学服务的资源，还要超越体育系统的界限。

（2）学科的开放性。体育教学课程资源的开发要打破整个体育系统的界限，加强体育学科与其他学科的交流与合作，使体育教学更加丰富、更加立体化，使体育教学课程内容更加综合和全面。

（3）时间的开放性。时间的开放性指的是体育教学课程资源的开发应该跨越时间的界限。

（4）空间的开放性。空间的开放性是指体育教学课程资源不论是校内的还是校外的、中国的还是外国的、农村的还是城市的、汉族聚居地的还是少数民族地区的，都可以进行开发。

（5）途径的开放性。具体来说，体育教学课程内容的开发途径要多样化，高校体育教学工作者和体育教师要开拓思维、开创条件，利用一切方法和手段，开发体育教学课程内容优化体育教学课程内容。

（二）针对性原则

针对性原则是指要针对体育教学目标，从学生、体育教师、学校的特点和实际出发进行体育教学课程资源的开发。

（1）针对体育教学目标开发体育教学课程资源。要对不同特定的体育教学目标，开发不同的体育教学课程资源，同时应该针对体育教学目标对各种资源进行比较与分析，以便能开发出适应性相对较强的体育教学课程内容。

（2）针对学生的特点开发体育教学课程资源。在体育教学开发与建设上，要坚持"以学生为主体"的指导思想，针对学生的生理和心理发展水平，针对学生的体育兴趣与爱好，针对学生已有的体育学习基础和能力。

（3）针对体育教师特点开发体育教学课程资源。要求体育教学资源的开发必须充分考虑本校体育教师的教育思想、教育理念、教学经验、知识基础、专业水平、特长等特点。

（4）针对学校的特点开发体育教学课程资源。由于不同学校的实际情况不同，如学校的性质、任务、地理位置、自然环境、历史传统、办学宗旨、培养目标、师生结构、校风校纪、校容校貌、场地、器材、设备等都存在不同程度的差异，在开发体育教学资源时要充分考虑上述因素。

（三）时代性原则

时代性原则也是体育教学课程资源在开发时所必须遵循的一项基本原则。这一原则有两个方面的含义。

（1）开发体育教学课程资源要考虑社会需求。当今社会，政治经济发展迅猛，科学技术不断进步，人们的生产生活也在发生着不断变化，现代文明病困扰着人们的身体健康。因此在开发体育教学课程资源时必须充分考虑这一需求，尽可能开发锻炼价值高、实用性强的体育教学课程内容。

（2）体育教学课程资源的开发要体现出鲜明的时代特征。随着时代的发展，新的娱乐、健身、休闲的手段不断地被发明和创造，体育教学课程资源的开发应考虑学生走向社会后的各种需求，体现出时代性。

随着社会的不断发展和现代科学技术的日新月异，人们的生产方式和生活方式发生了巨大的变化。人们在享受发展成果的同时，也受到了一定的危害，尤其是人们的身体健康方面，面临着严重的威胁。因此我们在对体育教学课程资源进行开发时，也必须要满足这一需求，尽可能开发出锻炼价值高、实用性强的体育教学课程内容。随着时代的发展，新的娱乐、健身、休闲的手段不断地被发明和创造，体育教学课程资源的开发，应该考虑到这些因素，体现出鲜明的时代特征。

（四）合作互补原则

合作互补原则是学校开发体育教学课程资源的重要原则，要求体育教学工作者应多层面、多角度地考虑问题，吸纳不同主体的体育需求，利用教学设计者、教师、学生、体育后勤工作人员等不同人的不同优势和特长来丰富体育教学课程内容的开发。总之，有效利用一切外来资源，共同提高体育教学课程资源开发的质量与效果。

合作互补原则是体育教学课程资源开发的重要原则。体育教师要对一切可用的外来资源进行有效利用，以此来提高体育教学课程资源开发的效果。

（五）开发与利用相结合原则

体育教学课程资源的开发还要遵循开发与利用相结合原则。开发与利用相结合要求体育教学课程内容的开发要避免单纯的开发心理和行为，开发体育教学资源要为完善学校体育教学而服务，要使开发的体育教学课程内容资源通过教学实施的各个环节进入体育课堂而发挥其作用与功能。在体育教学课程内容资源的开发中，一定要注意体育教学课程资源开发的实用性，在重视开发的量的基础上重视体育教学资源的开发质量，同时，体育教学课程内容的设计和开发者要有较高的专业素质，能分析、发现、设计有用的体育教学课程内容资源，及时加工、改造和转化闲置的体育教学课程内容资源，使之得到充分利用。

二、体育教学课程资源开发的目标

体育教学课程资源的开发，不仅仅是教学内容和方法上的变革，更重要的是人本身的变革。学校教育的根本目的和功能就是促进人的发展，因此在体育教学课程内容的开发上，学生就成为其改革的主要出发点和归宿。通过对体育教学课程资源的开发，对学生的运动兴趣和能力进行有效培养，使学生的身体、心理健康水平和社会适应能力得到有效发展。下面对体育教学课程资源开发需要实现的几个具体目标进行简要叙述。

（一）满足学生需要，促进学生发展

满足学生的体育需要，提高学生身心健康是体育教学过程中的首要目标，同时也是体育教学课程资源开发中的首要目标。在进行体育教学课程资源的开发时，必须以

满足不同学生的体育需要为前提，才能让学生更好地接受。学生在体育方面需要学习的东西很多，远非体育课程所能包揽，因而必须在可能的体育教学课程资源范围内，在考虑开发成本的前提下突出重点，精心选择那些对学生终身发展具有决定意义的体育教学课程资源，使之优先得到开发。

通过体育教学课程资源的开发，要使学生由被动地学走向主动参与、主动探索，从而真正学会学习。为学生提供多姿多彩的体育教学课程资源，重在不断培养学生独立学习的意识、习惯和能力。体育教师也要充分利用体育教学课程资源开发过程中的各种有利因素，提高学生探索问题、分析问题、解决问题及合作学习等方面的能力，使他们能够创造性地利用各种体育教学课程资源，为自身的体育学习和实践及其他探索性活动给予更多的服务。

（二）提高教师课程开发的认知能力

在进行体育教学课程资源的开发时，提高体育教师对新体育教学课程资源的认知能力也是一个重要目标。体育教师对体育教学课程资源开发的认识和理解，将会对他们开发体育教学课程资源的主动性和积极性产生直接的影响，也会对开发的质量和效果产生较大的影响。因此必须通过体育教学课程资源的开发，使体育教师对体育教学课程资源的认识不断深化，逐步提高体育教师对体育教学课程资源的认知能力。

（三）丰富体育教学课程内容体系

在以往的体育教学课程内容体系中，大多是在体育教学大纲和体育教材所规定的范围内建立的。如一些新兴运动项目、学生的经验等一般是不会成为体育教学课程内容的。而在新的体育教学课程内容的开发中，就需要对这种局面进行一定的改革。充实体育教学课程内容体系也成为体育教学课程资源开发的一项基本任务。

实际上体育教学课程资源的丰富性和多样性，为体育教学课程资源的进一步开发提供了前提条件。要努力通过体育学科专家、中小学体育教师、学生等多个主体以及国家、地方和学校多个层面全方位、多角度地进行体育教学课程资源的开发，使各种新颖有趣、适应性强的体育教学课程资源不断转化为新的体育教学课程内容，使体育教学课程内容的范围在原有的基础上不断拓展、不断丰富，逐步形成具有中国特色的体育教学课程内容体系，使拓宽后的体育教学课程内容能够为学生选择学习、发展个性提供更加广阔的空间，为实施素质教育、提高体育课程教学的质量和效果打下基础。

（四）开展特色教学，增强新内容的适应性

开发体育教学课程资源的过程中，必须致力于形成各个学校的体育教学特色，并要提高新体育教学课程内容在学校教育中的适应性。不同学校，其学校性质、办学条件和教育理念、学生的发展基础等实际情况都会存在一定差异，在其拥有的体育教学

课程资源的数域、性质和具体结构等方面也会有所不同。因此，我们在开发时，不能只追求体育教学课程资源的统一性，还要努力保持不同地域间学校的体育教学课程资源的丰富多样性，把各个学校所拥有的不同体育教学课程资源，变成特色资源来进行开发。只有形成特色，才能使一个学校的体育教学课程资源开发具有旺盛的生命力。

三、体育教学课程资源开发的方法

体育教学课程资源开发的方法有很多，下面主要对其中的筛选、改造、整合、拓展和总结方法的概念及其一般步骤进行简要的分析。

（一）筛选法

筛选是按照一定的标准从大量的体育教学课程资源中，选出合适的体育教学课程内容的方法。筛选一般有如下步骤：

（1）开列内容清单。尽可能地罗列出所要开发的体育教学课程内容相关资源，以供选择。

（2）确定选择标准。选择标准会由于开发主体的不同、开发目的的不同，而产生一定差异。但通常我们需要考虑的因素有国家的教育和体育政策、学校体育的指导思想和目标、体育课程标准、学校的体育环境、师资、体育教材、学生的特点、具体的课堂教学目标等。

（3）筛选体育教学课程内容。按照选择标准筛选出合适的体育教学课程内容。需要注意的是，为了避免筛选法的缺陷，在实际的体育教学课程资源开发过程中，还要尽可能地将筛选法和其他方法结合起来运用。

（二）改造法

改造法是指根据体育教学对象和教学条件等对现有的体育教学课程内容进行适当、合理和科学的改造。这是体育教学课程内容资源转化为体育教学课程内容的基本途径，具体改造步骤如下：

（1）分析学生特点和学校条件。如学生的性别、年龄、爱好、生理和心理发展特点、体育需求；学校的体育教学硬件设施和软件设施等。

（2）分析体育教学课程内容资源的构成要素。选定一个体育教学课程内容，对其内部构成要素进行提取、改变、加工、减少或增加，都能重新优化组合为一个新的体育教学课程内容。

（3）改造体育教学课程内容资源的构成要素。按照一定的目的和原则对体育教学课程内容资源的构成要素进行改造。

（4）对体育教学课程内容资源进行重构与修改。运用于体育教学的课堂实施，归纳、总结改造后的体育教学课程内容资源的效果和问题，有针对性地进行修改。

(三)整合法

整合法是将各种体育教学课程资源的某些要素通过一定的方式有机地结合在一起,从而形成新的体育教学课程内容的方法。采用整合的方法进行体育教学课程资源开发,主要步骤如下:

(1)确定整合目的。通常采用整合的方法进行体育教学课程内容资源开发,有以下几种目的,即发挥体育教学课程内容的多种教育功能;增加趣味性;提高适应性等。无论何种目的,必须明确。

(2)确定整合方式。在确定体育教学课程内容资源的整合目的之后,对其各要素之间进行整合。整合的方式也有多种,因此,为了使体育教学课程内容更加合理,应精心选择和设计体育教学课程内容要素。

(3)实施资源整合。对体育教学课程内容的一些要素进行必要改造,以便使整合后的体育教学课程内容更加合理。

(4)检验与修改。通过体育教学实践,发现问题,并及时进行修正。

(四)拓展法

拓展法主要是指对原有的体育教学课程资源在形式、具体内容及功能等方面进行扩展、补充,使体育教学课程内容在具体内容和形式上更加完整,在功能上更加全面的方法。拓展一般有如下步骤:

(1)分析体育教学课程内容资源的性质和特点。分析体育教学课程内容资源的内容结构、呈现方式、主要功能等特点,为教学内容的拓展提供必要的依据。

(2)寻找拓展的空间。分析所拓展的具体内容,考虑如何拓展、怎么拓展。

(3)拓展尝试。充分利用学校、社区和家庭资源,对教学资源进行筛选、改造,突出适用性和实用性,进行拓展尝试。

(4)整理、实施与总结。对拓展后的内容通过课堂教学进行实施,并对实施的情况进行总结,还要分门别类进行整理,有些内容可以作为资料长期保存,有条件的还可以建立相关的资源库。

(五)总结法

总结法主要是指对体育教学课程资源开发实践中的各种经验、成果等进行回顾、分析和反思,以归纳出具有典型意义的体育教学课程内容的方法。在体育教学课程资源的开发中,总结既是一种开发方法,也是开发过程中的一个重要的环节。具体有如下步骤:

(1)反思开发过程:对体育教学课程资源开发过程中的各种经验、心得、教训等进行反思和回顾。反思尽可能要详细,以便能从中发现一些有价值的经验。

（2）形成文字材料：在反思的基础上，用报告、小论文、学术论文及专著等形式对反思的结果进行反映。

四、高校体育课程开发与创新改革

（一）突出素质教育

和其他学科教学相比，体育运动比较枯燥，缺乏趣味性，因此体育运动学习训练要比球类运动等项目艰苦、困难。但正因为如此，体育运动才具有如球类运动等项目所不具有的功能。因此，进行体育运动项目练习能够培养大学生勇敢顽强的意志品质和努力拼搏的精神，高校体育教育应该将其视为大学生全面素质教育的重要手段。

现阶段，要使我国的体育课程设置走出内容单一、选课率低、教学枯燥等困境，并不断地发展，就必须重建田径教学在体育教育中的影响力，重视发挥体育运动的素质教育功能。

（二）强调文化属性

重视体育文化内涵解析，并以此来提高大学生的体育文化素养具有重要意义。体育运动是人类文明活动的结晶，在现今社会中，充分认识体育运动的文化属性更为重要。具体来说，在体育课程教学过程中，应使学生充分了解体育运动对以后生活、工作和适应社会的重要意义，全面提高大学生的体育文化素养。

（三）重视学生发展

体育运动具有多重功能，其最基本的功能就是可以促进学生体质的发展。人的身体素质的发展是有一定规律的，不长期维持运动训练，运动能力、水平、身体素质就会退化。因此，体育课程改革应当从学生体质发展的角度出发，结合大学生体质健康测试，来推动体育课程教学的发展。

（四）调整课程内容

在新的课程改革背景下，我国高校体育课程处于不断进步和发展之中，但是其并不能完全满足素质教育的需求。因此，现阶段，在高校体育运动课程教学中，对体育课程内容的调整应重点做好以下工作：

（1）增加课程教学的趣味性：在体育课程改革过程中，要充分利用学生的好奇心，激发其学习的兴趣。

（2）加大课程教学的普及性：对课程内容中一些竞技体育项目中不适合该年龄阶段学生的技术要领、规则、器材和设施要进行改造，并使其更有利于在全体学生中进行普遍开展，更具有健身价值。

（3）提高课程教学的适用性：课程内容的设置要侧重于对学生的终身体育能力的培养，加强与社会和生活的联系。我国地域广阔，地貌复杂多样，季节气候变化万千，具有丰富的体育课程资源。以田径体育课程教学为例。可以结合学校和地区的实际教学环境和条件，组织学生在大自然这样广阔的空间里开展一些田径活动，如爬山、远足、探险、郊游等，不仅寓学于景，有效有益，还可以陶冶情操，有益学生身心和谐发展。

（4）促进课程教学的创新性：体育课程的内容还应有广阔的空间，为发展学生的创新精神提供教学指导和启发。

第七章　高校体育教学模式的探索

第一节　快乐体育教学模式

随着时代的进步，学校的教学方式一直在变化着，目的就是满足大家的需求。各个学校体育教学越来越受到关注，其中的快乐体育逐渐引起人们的注意。快乐体育教学模式更加关注学生的感受，不似传统教学那么枯燥乏味，它具有更多的趣味性，能够调动学生进行体育活动的积极性。

一、传统的体育教学模式

传统的体育教学主要分为两类，一是普通锻炼身体的体育教学模式；二是竞技式的体育教学模式。普通锻炼身体的体育教学模式只是强调学生在肢体上的活动，满足于身体的简单运动，很多中小学的体育课程便是这样；竞技式的体育教学模式对学生的要求比较严格，其目的主要是比赛，像运动会、足球赛、篮球赛之类的。这两种体育教学方式只是关注身体上的活动，对学生在体育活动时的心理则没有进行疏导教育。

二、快乐体育教学模式

（一）快乐体育教学模式的概念

快乐体育教学模式指的是在以运动为基础的前提下，教学人员采用适宜的教学方法，一方面增加学生的体能；另一方面使学生从体育学习中得到快乐，其指导思想是让学生在教学过程中，不仅能够学习运动技能、锻炼身体，还能够充分感受到快乐，进而培养学生进行体育实践的意识。

快乐体育教学中，一般会将游戏、比赛掺杂在教学工作中，采用初步体验—挑战学习—创造乐趣的模式进行，它没有固定的教学方式，经常会随着教学人员和学生的改变有所不同，但其最终目的都是相同的，就是让学生快乐地进行体育实践，实现身心的全方位锻炼。人民是国家的根本，国民身体素质对国家的发展至关重要，只有国民身体素质过关，才能投身于祖国的建设中，而快乐体育就是让人民快乐、主动进行体育实践，所以说快乐体育在我国社会主义建设中不可缺少。

（二）快乐体育教学模式的起源

我国的体育教学模式不断进行改进，快乐体育思想也逐渐影响国人，体育教育工作者经过理论研究与实践探索，已经建立了自己的教学模式，由以前的以教学人员为主体的体育教学变成了现在以学生为主题的体育教学模式。当前快乐体育教学模式已经在各地学校中掀起了热潮，不仅反映了传统体育教学体制与方式的改革，也是我国对体育锻炼重新认识的反映。快乐体育出现的根本目的在于，在体育教学过程中通过启发学生的主观能动性，调动学生主动进行体育实践的积极性，使学生能够快乐地进行体育实践，并形成锻炼的思想。

（三）快乐体育教学模式的特征

快乐体育教学相对于传统的体育教学模式有其独有的特征，它有一套完整的思想体系对体育教学工作进行指导。在开展情感教学的基础上，对学生进行人格教育、身体教育，关注运动给学生带来的乐趣，充分激发学生的积极性。

1. 全面加强的素质教育

进行快乐体育教育有助于学生各方面的发展，首先，快乐体育教学方式的实施能使学生进行体育锻炼，它会让学生在快乐中进行体育锻炼，体会到运动的乐趣；其次，快乐体育教学模式能够帮助学生在体育锻炼中开发智力，形成一种体育能力；最后，有助于全方面地培养学生的素质，如审美能力、道德品质、个性发展等。

2. 主观能动性的培养

在快乐体育教学中，真正的主体不是教学人员，而是学生；学生还是体育教学工作服务的对象，所以应当充分尊重学生的主体地位。传统的体育教学模式比较机械，忽视了学生的主观能动性，他们一直处于被动接受的地位。每个学生都有自己的思想，但在传统的体育教学模式中他们经常会处于一种压抑的状态，即使自己有新想法、新思想，一般也不会受到鼓励和支持，长此以往，他们会变得消极，丧失探索新事物的好奇心。而如今的快乐体育教学会让学生在一种令人愉悦的气氛中进行学习，有助于学生主观能动性发挥以及思维开发。此外，快乐体育教学相对来说比较灵活，不会让所有学生都朝着一个目标进行发展，教学工作人员会根据每个学生的特点及长处因材施教，使每个学生在进行体育锻炼的时候达到自身的满足点，在全面培养基本素质的前提下使学生的个性得到发展。

3. 主动积极的学习

主动积极的学习是要调动学生学习的积极性，从厌学转变成乐学，这也是快乐体育教学的目标之一。主动与被动有着本质的区别,当你被动接受某件事时,心情会非常糟糕,感到压抑;当你主动接受某件事时,会感到很愉悦。快乐体育教学就拥有这种魅力,它从根源上发掘快乐,由被动变主动,充分调动学生主动学习的积极性。快乐体育教学模式只是教学中的一项,由快乐体育教学可以推广到其他课程的教学工作,只有学生主动积极地学习,才会让受教育这一过程变得快乐。

4.相辅相成的教学

体育教学与其他学科的教学是相辅相成的。快乐体育教学有助于学生拥有健康的身心,有助于他们进行其他知识的学习。快乐体育教学以体育课堂为主、课间操以及课外其他体育活动为辅,当从体育活动中获得快乐之后,会更加高兴地进入其他课程的学习。

三、快乐体育教学模式的构建及实施策略

(一)实施快乐体育教学模式的原则

快乐体育教学是现阶段教学工作中必不可少的,其实施过程需要遵循以下原则:①教育性:体育教育、思想教育是快乐体育教学的主要目标之一。②趣味性:快乐体育教学与传统体育教学的不同就是在快乐中进行体育学习,让学生感受到体育活动的益处。③激励性:在体育教学中,激发学生主动学习的兴趣,促进个性发展。④实效性:快乐体育的初期目标是培养学生良好的学习习惯,终极目标则是终身体育实践。

(二)快乐体育教学模式的实施策略

1.强调快乐体育的重要性

在传统观念中,体育课只是起到锻炼身体的目的,甚至个别教师认为体育课应该进行缩减,学生应该把重点放在文化课学习上。所以想要真正实施快乐体育教学模式使其发挥作用需要做到以下几点:首先,在学校里先对所有教师进行培训教育,让教师先意识到快乐体育的重要性;其次,学校的管理人员在课程设置上需要有所调整,由原来的每周一节体育课改成每周两节体育课;再次,对体育教学工作人员进行严格筛查,招聘专业的体育人员,对他们的各方面素质进行考核,使其在体育教学工作中发挥积极引导作用;最后,举办运动会,将快乐体育思想融入其中,积极鼓励学生参加。

2.强调快乐体育教学工作中的主体

传统的体育教学模式过分强调教师在教学过程中的主导地位,学生只是处于被动接受的位置,这会导致学生丧失学习的主动性、积极性,一旦学习兴趣丧失就会导致学习效率下降。而快乐体育教学与传统教学最大的不同就是弱化了教学人员的地位,强化了学生在教学工作中的主体地位。只有受教育的对象能够从思想上、行动上接受

某种教学模式，从中体会到获得知识的快乐，教学人员的工作才能事半功倍，否则就是浪费时间、浪费资源。并且，每个学生进行体育学习的基础、目标以及学习方式都是不同的，教学工作人员只有根据学生的实际情况和需求因材施教，鼓励并引导学生，才能取得良好的教学效果。

3. 建立和谐的师生关系

体育教学是一个复杂的活动，它要求在教学工作中，老师不仅要培养学生的身体素质，还要对学生的思想进行引导。传统的体育教学中，老师占主体地位，在教学工作中发挥着关键作用，学生对老师除了敬畏外，甚至会有害怕的心理产生。而快乐体育教学则强调在教学工作中和谐的师生关系是关键。和谐师生关系的建立是快乐体育教学关键的一步。首先，体育老师应该用自己良好的思想品德、高超的运动技巧、诙谐有趣的教学风格影响学生。其次，在快乐体育教学中，老师还需与学生建立一种亦师亦友的关系，让学生在课堂教育中感到轻松，真正做到在快乐中学习。最后，在课堂实践中，体育老师应该参与到学生中间，形成有效的师生互动；还需根据不同学生的性格特点进行个性化教育，鼓励学生有自己的想法，激发他们学习体育的兴趣，有助于进行终身体育实践活动。

4. 有组织地进行体育教学工作

快乐体育教学的主要目的是以运动为基础，让学生逐渐认识运动、爱上运动、终身运动。这就要求体育教师进行合理安排，首先，充分利用每节体育课，结合学生关注的重点，增强学生对体育运动的认识；其次，通过在课堂上组织有趣味的体育游戏，激发学生对体育运动的兴趣，在游戏中进行体育锻炼；最后，在运动技能的学习过程中，要照顾到学生的情绪，做好引导工作，多鼓励少批评，让他们感受运动的快乐。

5. 发掘学生个性

传统的体育教学模式过度关注运动对学生身体素质的改善情况，而快乐教学模式除此之外，还能够因材施教促进学生的个性发展，帮助学生挖掘某项运动的潜能。快乐体育的教学模式能够培养学生的独立创造能力，丰富其精神生活，促进全面发展。

传统的体育教学模式单一、枯燥乏味，而快乐体育教学模式则是以学生为主体，从情感教学入手对学生进行身体素质教育和人格教育，师生关系将传统的教与学变成了亲密的朋友关系，课堂生活变得更有意思。快乐体育教学不仅能够让学生学习运动技能、提高身体素质，还能够感受到快乐，激发学生的积极性，它独特的优势决定了快乐体育的教学模式必将受到更多关注。

第二节 合作学习体育教学模式

《义务教育体育与健康课程标准》的基本理念是强调以学生发展为中心，使学生学会学习，关注不同地区差异和学生个体差异，保证每一位学生成为教育的受益者，而针对课程的目标设计要能促进学生的心理健康和社会适应能力，必须对固有的体育教学模式进行创新，而在体育教学中进行合作学习模式，能突出学生在体育学习过程中的主体地位，促进学生的主动学习，加强学生在体育学习过程中的人际交往，促使学生在身体锻炼、情感交流和社会适应意识等多角度共同发展。可见，合作学习是我国教育改革所倡导的教学方式之一，作为学校教育重要组成部分的体育教学，应根据自身的学科特点积极探讨如何将合作学习理论应用于体育教学中。

一、体育合作学习的功能与模式

体育合作教学模式的组织多选用异质分组的形式，同时注重组间平衡从而提高教学效率。根据教学目标选择适宜的分组条件进行分组是提高小群体体育教学质量的重要一环。小群体的组长是组织小群体体育教学的关键。

二、体育合作学习教学模式的基本要求

（一）合作学习教学分组

体育合作学习的教学分组主要以组间同质及组内异质进行。组间同质是指各组组间的学生水平基本一致保持均衡；组内异质是指各组组内成员各方面之间都有一定的差异，主要包括学生性别差异、学生学习成绩差异、学生特长差异、学生体育技能水平差异等方面。同时体育合作学习的分组还要考虑学生的兴趣、意愿等方面。

（二）教学中的教师任务

教师课前在充分了解学生水平的基础上要根据具体教学内容设计相应的教学方法及教学任务，在体育教学过程中进行主导性讲授并对学生进行合作学习指导。

（三）教学中的学生任务

在体育教学过程中学生应根据教师布置的教学任务及要求以合作学习小组为基本单位充分发挥主观能动性，采用多种途径，通过集体合作来完成。

（四）体育课的开始部分

为提高学生讲解、组织、示范等能力，以体育合作学习小组为单位让学生轮流带领其他同学做准备活动。

（五）集体讲授课

教师根据不同的教学内容合理安排集体讲授和分组合作学习的时间比例，讲解过程要突出重点、简单明了、注重效率。

（六）合作学习小组的课堂活动

教师在学生进行合作学习之前要向学生讲明，只有合作学习小组的全部学生都完成了教学任务，整个小组的教学任务才算完成。合作学习小组的同学要互相监督，检查同伴完成教学任务的情况，确保都能够完成教学任务；教师在学生进行合作学习时要进行巡视、观察、记录并适当进行指导等工作。

（七）测试与反馈

学生在完成教学任务后要进行独立性测试或者进行合作学习小组间的竞赛。教师根据测试或者竞赛的结果进行评价、总结使学生认识到自己的不足以便今后改正提高。

（八）课后任务

根据教学目标教学要求合理布置课后复习预习任务及作业。

三、体育合作学习教学模式在体育教学中的应用

（一）学生自学

体育合作学习的前提是学生个体学习练习所学动作技能，体育教师要根据不同的教学内容、教学任务、学生水平等方面制定相应的教学目标，要突出教学的重点难点，要求学生根据教师设计的技能学习流程以及个人所创造的新颖动作进行自学、自练并根据个人特点选择场地器材。

（二）小组讨论

学生完成自学后教师要组织学生小组内讨论，让学生体验成功的喜悦。讨论的时间要根据教学内容及教学难度确定，时间不要太长。在小组合作学习完成后，还可以进行组间交流，教师可以根据学生的交流结果进行总结、补充并适当进行讲评。

（三）学生自主练习

在学生自学、小组讨论交流以及教师讲评后学生再进一步练习提高技术技能，以期取得最佳的学习效果。

（四）学生技能展示

学生在完成动作技能学习、练习后每一个小组可以选一个代表在全体成员面前展示学习成果。

（五）综合评价

在体育合作学习小组学习结束后，体育教师要及时进行综合评价，综合评价的重点包括合作学习小组的活动内容及合作学习质量。教师还可以对每个合作小组的体育技能掌握情况进行评价，激发学生学习的热情，为今后合作学习顺利进行打下基础。

四、体育合作学习教学模式的评价

体育合作学习教学模式的评价包括体育教师对合作学习小组学生的评价及合作学习小组学生之间的互相评价两个方面，同时还强调对体育教学过程中教学阶段目标评价，强调对学生掌握完整技术动作情况的评价，强调体育教学过程中对合作学习小组学习情况的总结性评价。通过教学评价以及及时的体育教学反馈信息，可以使教师认识到体育教学过程中的不足，以便进一步改进教学方法调整教学内容及目标，学生也可以认识到学习过程中的不足，通过相互学习、合作学习提高学习兴趣获得最佳的学习效果。

第三节 俱乐部体育教学模式

高校体育俱乐部课程教学模式研究课题，主要建立于体育教学部体育俱乐部课程教学改革的基础上，形成高效体育俱乐部课程教学模式，主要包括三个方面的内容，即高校体育俱乐部课程特有的教学指导思想、高校体育俱乐部课程稳定的教学过程结构、高校体育俱乐部课程创新的教学方法体系。

该研究将高校体育俱乐部课程模式包含的三个方面内容与教学实际相结合，探索体育俱乐部课程特有的教学模式，为更好地提高高校体育教学质量，提供更多的手段和参考，让参与体育运动的学生能够喜欢一个项目，投入精力提高技战术水平，成为优秀的大学生运动员或者将俱乐部运动项目作为终身爱好，最终通过喜欢的体育运动项目，养成主动参与、终身锻炼的习惯。

一、高校体育俱乐部课程特有的教学指导思想

（一）"学中练，练中赛"的教学指导思想

传统高校体育教学中，缺少教学动态过程中的变化性和针对性，显得刻板固化。而体育俱乐部课程教学更加多元化，体现在教学指导思想、教学手段和教学评价等方面。体育俱乐部教学会根据学生主体在学习技能的不同阶段提出不同的教学指导思想，帮助学生把握学习方向，领会学习技能要点。"学中练，练中赛"的教学指导思想目标明确，课堂教学实施简单有效，对于体育俱乐部课程教学而言，其关键是学生体育技能的习得。学生在课堂上学习运动技能理论知识，通过教师示范学生模仿，反复练习掌握动作技能，并通过比赛来检验学习效果。学生在学习技能、练习技能和掌握技能的过程中，通过自身的练习和课堂、课后比赛来巩固技能并获得比赛成就感。

（二）"学技能，用技能"的教学指导思想

传统高校体育课程教学过程中，一般要求学生主体学会一项技能，通过技能，增强体质、增进健康就是目标，对于技能习得后的干预和要求较少，主要停留在简单的技能考核上。而体育俱乐部课程学习通过"学技能，用技能"的教学指导思想，使体育俱乐部课程学习运动技能更加具体和有效。教学过程中，明确学生学习技能的原因，结合实际生活，将运动技能运用其中。所以，开设高校俱乐部课程要通过指导思想明确教学目标和内容，通过体育俱乐部课程学习训练，学生能够掌握至少一项运动技能，并有效地将运动技能运用到实际生活中。

（三）"促快乐，增健康"的教学指导思想

"增强体质、增进健康"，始终是学校体育课程教学指导思想和目标，其中包含的内容和内涵是非常丰富的，体现在教学全过程中，传统高校体育课程教学主要是技能考核，忽略了学生参与运动的体验感。而高校体育俱乐部课程教学将增进学生健康贯穿于课程实施的全过程，同时关注学生参与体育运动的体验感——快乐。

学生主体的健康包含两方面内容，即身体和心理的健康。明确参与体育活动不仅是要学会运动技能，关键是通过体育运动舒缓情绪，体验快乐。现在高校学生心理问题突出，学生逃避自身心理问题，拒绝学校提供的心理辅导和相关治疗。体育运动作为疏导情绪的有效手段之一，应该应用于学生心理健康干预中。作为教师在课堂上应关心学生的心理状态，鼓励学生进行技能学习和运动参与，将不良情绪通过体育运动进行疏导。高校体育俱乐部课程形式多样，学生可以根据自身的身体条件和兴趣爱好，选择适合自身的运动项目进行锻炼，从而愉悦身心促进健康，使学生快乐地、系统地学习运动知识、技能和方法，形成运动习惯。

二、高校体育俱乐部课程稳定的教学过程结构

（一）高校体育俱乐部课程教学过程结构的整体性

传统高校体育课程教学主要集中于学生单一技能的学习，忽略技能竞技水平提升，所以教学过程结构比较单薄，主线单一。而高校体育俱乐部课程教学过程结构有一定的整体性，主要体现在课程内容的设计上，从技能教学到比赛教学到运动队选拔，再到代表学校参加比赛。对于学生运动技能掌握是从易到难，递进式的发展过程：基本技能掌握—技战术掌握—教学比赛实战对抗—校外赛事高级别对抗。高校俱乐部课程的整体性教学过程，能够以兴趣激发学生参与运动的积极性，并在反复训练和练习后通过比赛成绩实现运动参与的自我价值。这一教学过程，为学生制订了完整的运动参与计划，有利于学生循序渐进地学习技能知识，在不同层次学习目标激发下，有利于提升学习的积极性和持久性。

（二）高校体育俱乐部课程教学过程结构的连贯性

高校体育俱乐部课程教学过程结构的连贯性建立在整体性之上。在教学实践中，教学实施是环环相扣的，在学生遇到技术难点时，教学过程的整体性被打破，帮助学生解决技术瓶颈不断突破自我是关键环节，要反复通过教师讲解示范和学生练习来突破障碍点，进行更高阶的运动参与。但因为个体的差异性，学生解决问题的时间长度不同，教师应该因材施教，不能用相同的方法要求不同水平的学生，且要更有耐心，不能给学生造成不会技能动作或者水平很差的心理负担。此外，高校体育俱乐部还要求高水平技能学生帮助低水平运动能力的学生，在同伴的陪同练习过程中逐步掌握动作技能，使技能习得和运动参与更加连贯，不断提升自身的运动能力和水平。

（三）高校体育俱乐部课程教学过程结构的动态性

高校体育俱乐部课程教学过程结构的整体性和连贯性是学生习得动作技能的基础，是运动参与的基础，是学生运动能力提升的基础。而教学过程结构的动态性，主要体现在学生运动参与过程中的动态性。

学生在掌握技能的过程中，性别、身体素质、心理控制能力差异，会造成个体学习运动技能的完整性存在差异，所以教师在教学过程中，应该根据学生的运动参与情况，实时跟踪记录学生的学习动态，为学生制订个性化的教学内容、方法和手段，帮助学生解决问题，掌握运动技能，更好地进行运动参与。

三、高校体育俱乐部课程创新的教学方法体系

（一）模仿练习的教学方法体系

体育教学中主要是通过教师示范，学生模仿练习来学习动作技能。传统高校体育课程教学中，学生通过模仿教师动作反复练习，并在教师的反复纠错中规范动作、掌握动作，但形式单一枯燥，学生在技能学习过程中容易厌烦和放弃。而体育俱乐部课程将采用多种形式的方法来进行教学，教师示范演示、多媒体运用、学生助教纠错练习和情感鼓励，用教学比赛实践来实现学生技能学习的评价。同时学生主体通过多形式不同来源信息的加工处理，反复练习、模仿规范动作从而习得技能，实现运动参与的个人价值。整个学习过程中学生是主体，目标明确、主观能动性强，学习效果显著。

（二）合作对抗的教学方法体系

高校体育俱乐部课程区别于传统高校体育课程重要的一点就是学生运动竞技水平提升。在体育俱乐部课程教学中，教学比赛是检验学生运动技能水平的方法，比赛中既有合作又有对抗，可以快速地提高学生运动参与的能力，并实现个人运动参与的价值，获得个人成就感，更重要的是通过合作与对抗加强学生心理建设能力和承受挫败感的能力，是一种心理素质提升的有效手段。但教师也要时刻关注在比赛中未获得成就感的学生及反复承受挫败感的学生，并要对其进行心理疏导，避免负面情绪和心理负担，正视问题、解决问题，克服技战术瓶颈，取得对抗中的胜利。而这种合作对抗的教学方法体现了人与人之间的合作与竞争关系，类似于社会生活中的人际关系，有助于提高学生适应社会生活的能力。

四、高校体育俱乐部课程的教学模式

（一）技能掌握式体育教学模式

对于体育教学而言，最终目的是让学生掌握运动技能，参与运动实践，增强体质，增进健康。技能掌握式体育教学模式，是传统高校体育课程教学和体育俱乐部课程教学常用的教学模式，但是不同课程体系的内涵和外延是有所差异的。传统高校体育课程教学注重技能掌握，忽略了技能进阶和提升。而高校体育俱乐部课程教学对于学生技能掌握提出了更高层次的要求，体现在动作技能掌握和实施具有一定的竞技水平，通过比赛中的竞技对抗提升学生运动能力，将技能掌握转化为技能运用。俱乐部课程教学对学生主体掌握动作技能的要求更高，俱乐部课程开展也是围绕着这个点来实施的。

（二）运动体验式体育教学模式

传统高校体育课程教学强调的是学生动作技能的学习和考核，课程内容设计单一，学生学习缺少积极性和主动性，学校效果一般。而高校体育俱乐部课程注重的是学生习得动作技能后的实施和体验，合作对抗的教学方法体系渗透于整个教学过程，学生通过递进式学习，练习实现运动参与的个人价值，获得个人成就感。快乐自由的、竞争合作的运动体验感有效地提升了学生运动参与的积极性和持久性，自觉、经常性的运动参与使健康促进成为一种习惯和常态。在体验式的教学模式下，学生学会了合作与竞争的社会生活关系，有助于学生更早地适应社会环境，加强学生心理建设，促使学生身心健康发展，成为新时代社会主义建设者。

第四节　学生导师制高校体育教学模式

一、学生导师制体育教学模式内涵分析

随着高校体育教学改革的不断深化，人们开始对传统的体育教学进行新的探索，提出了一些新思路和新要求，并进行了一些有益的尝试。但是在具体实践中，作为高等教育重要组成部分的学校体育，如何使学生的身心得到全面、健康、持续发展，以及围绕培养什么样的人、怎么培养等方面，还缺乏科学的理论指导和实践检验。结果使我们高校体育教育教学各环节还没有很好地衔接，理论和实践没有取得形式与效果的统一，缺乏体育教育自身应有的系统性和科学性等现状没有得到真正改变。因此，研究探索高校体育教育教学，解决在教学中存在的问题和不足，进一步明确高校体育课程的核心目标和中心任务，完善课程结构、课程内容、课程实施以及课程评价等环节，使高校体育课程体系更加符合教育教学规律和人才培养需求，是新时代高校体育教育教学改革所面临的新课题。

建构主义认为，知识不是通过教师传授得到，而是学习者在一定的情境即社会文化背景下，在其他人（包括教师和学习伙伴）的帮助下，利用必要的学习资料，通过意义建构的方式而获得。因此，高校体育应全面推进课程教学改革和创新，在教育教学活动中，坚持"着眼素质、扎实基础、全面发展、培养特长"的教学原则。充分发挥学生的主动性，尊重学生的学习兴趣和求知欲望，积极培养学生良好的体育精神和终身体育行为，掌握正确的学习方法，让每个学生的个性、特长和潜能得到最大限度发挥。任何一个人都拥有各自无可替代的重要价值和潜能，各有所长、各有差异，所

以教育过程重在让学生从差异中得到学习、发现自己的潜能。新体育教学模式强调，在教学过程中充分挖掘学生自身潜能，教师要从向学生传授知识的权威角色，转变为学生学习的辅导者和合作者，学生处于教育教学过程的中心地位，要从知识的被动接受者转变为主动的探索者和学习过程的执行者、管理者、评价者。

学生导师制体育教学模式就是在体育教学过程中学生既是学习者，还承担组织管理者、技能传授者、考核评价者等导师角色，在学中教、在教中学，从而达成教学目标的教学模式。因此，学生导师制是学校或教师合理利用高校体育教学中潜在的人力资源，采取有效措施积极培养学生中的体育骨干，充分挖掘和发挥他们的各种特长和潜能，使他们尽早成为体育教师的得力助手和教学活动的组织管理者以及知识、技能传授的导师。并通过这种以教师为主导，学生为主体的多重教学梯队在课内外教学活动中互动，达到"一帮十、十帮百、以优带差、以点带面"的效果，形成技能传授、能力培养和人格养成三位一体的新的系统育人模式。这是一种把课内教学内容和教学活动延续到课后各环节，使高校体育课程成为课内外一体化的课内教学与课后锻炼以及各种课余训练、竞赛相结合的具有全面而长效的新教育教学模式。

学生导师制体育教学模式在具体实践过程中，打破传统体育课程观念的束缚，用大课程观的理念去设计高校体育课程，对学生的体育教育没有局限于教师的课堂教学，而是为学生提供更富挑战、更富趣味、更加开放、更加多元化的教育教学活动，鼓励学生多参与、多体验、多创新、多协作，给他们更多学习和锻炼的时间和空间，让他们的体育经历更丰富，教育内容和范围更广更深，从而更灵活、更有弹性、更有效地利用大学四年学习时间，全面培养良好的体育行为和习惯以及健康的体育精神和个性品格。

二、学生导师制体育教学模式特色分析

高校体育教学改革与发展，主要向教学的多样化和多种模式并存；提高学生生理、心理、社会适应能力并重；强调学生在教学中的主体地位；以发展学生的能力为基点，拓展体育教学的教育范畴，突出体育教育的发展性方向发展。因而，新时代高校体育应把主体需要和社会需要结合起来，把体育健身价值和教育功能结合起来，突出时代特点，用现代的教育观对传统的体育教学方式进行审视和思考，全方位创造育人的内容和空间，向体育的教育性、多元性、健身性、娱乐性、主体性、多样性、人文性等方面综合发展，使学生的身心得到健康发展的同时，学会学习、学会生活、学会生存。

以教为主的单一教学模式，不能充分拓展体育教育的内涵和范畴，影响学生自身潜能挖掘以及创新意识、社会适应能力、个性品格培养，影响教育的社会化和国际化进程。学生导师制体育教学模式特色概括起来就是，在教育教学过程中通过"一坚

持""二开放""三自主""四互动""五自治"等一系列改革措施,使高校体育真正成为技能传授、能力培养和人格养成三位一体的系统育人的教育教学过程。所谓"一坚持"就是坚持"育人为本",全面提升高校体育的育人功效;"二开放"就是全方位对学生开放参加体育课教学和各种体育活动的时间和空间,全面实施高校体育课的弹性学制;"三自主"就是学生根据不同专业、学情、兴趣、爱好等个体差异,在不同学期、年级自主选择锻炼时间、锻炼项目以及指导教师,充分体现学生在教学过程中的中心地位,全面实施高校体育课程"学分制";"四互动"就是在教学过程中强调教师与学生、学生与学生、课内与课外、校内与校外互动,全面实现学生在课内、课外的互动互联和知识、能力转移和提升;"五自治"就是充分挖掘每个学生的潜能和特长,调动学生学习兴趣和积极性,鼓励和帮助学生积极参与到课堂教学、群体活动、课外训练、课外竞赛、成绩评价等课内外各种教学活动中,使高校体育课成为学生能够自我教学、自我锻炼、自我组织、自我监控、自我评价的"教、学、管、控、评"的"五自治",全面拓展高校体育的教育功效和教育范畴,达到全面提升学生的锻炼能力、组织能力、创新能力、社会适应能力和终身体育能力的目的。

三、构建实施学生导师制体育教学模式的理论意义和实践价值

播种一种行为,收获一种习惯;播种一种习惯,收获一种性格;播种一种性格,收获一种精神。实践证明:在高校体育课教学中构建实施学生导师制体育教学模式,不仅能够有效地开发课内外的体育资源,积极拓宽各种健身领域和锻炼的时间、空间;实现以学生为中心、终身体育教育为目标,多种教学模式并存的新课程体系构建。而且,通过学生导师制新模式能够有效地弥补目前部分高校存在的师资队伍短缺,课后缺乏指导和监督,多数学生随体育课的结束而终止体育锻炼等现状;能够有效地提高学生学习兴趣和锻炼积极性,提高体育课的教学质量和教学效果;能够全面发展学生个性,提高学生的组织能力、创新能力和社会适应能力;能够更好地增强体质,提高运动技能,为培养造就更多社会体育人才奠定基础。

第一,构建实施学生导师制体育教学模式。首先,使我们高校体育课程性质由过去单一的"三基"逐渐过渡到以身体练习为主要手段,强化高校体育的教育功效,促进学生身心全面健康发展的终身体育教育教学过程。其次,学生导师制教学模式构建,使我们的课程结构比以往更加合理,更加适合学生发展和社会对人才培养需求。最后,通过整合完善校内外各种体育资源,全面拓宽学生学习锻炼的时间和空间,学生根据自己的学情、兴趣、爱好以及个体差异,自主选择锻炼时间、项目和教师,并以此重新组合传帮带式教学群进行各种教与学活动,有效地提升学生学习锻炼的主动性、积极性,使学生真正成为教学过程的主体。

第二，整体教育强调逻辑思维与直觉思维关联、心与身关联、个人与团队关联等在内的关联教育。整体教育理念突破了学科框架束缚，促进学生发挥其与生俱来的成长可能性，并加深和丰富自己同周围所有人和物之间的沟通。学生导师制体育教学模式，在教学各环节中更加注重教师与学生、学生与学生、课内与课外、校内与校外互动，能够更好地实现学生知识、技能互联和转移以及良好个性品格培养，使高校体育营造出更加活跃、宽松、高效、开放、和谐的教育教学氛围。

第三，学生导师制体育教学模式实施，能够充分挖掘学生自身潜能，进一步调动学习锻炼的兴趣和积极性。通过学生主动参与课堂教学、群体活动、课外训练、课外竞赛、成绩评价等课内外教学活动的"教、学、管、控、评"过程的"五自治"，不仅能够进一步活跃课堂教学和各种课外群体活动，而且能够逐步形成课内教学、课外锻炼、群体竞赛协同并进的，生动、活泼、积极、主动的课程结构，使这些内容很好地相互衔接、相互渗透紧密联系，使高校体育的组织管理过程更加系统、科学，更加符合体育教育的发展特点和规律。

第四，学生导师制体育教学模式实施，不仅有利于学生熟练掌握运动知识和技能，形成自觉锻炼的习惯和意识，而且能够有效地提高学生的自我锻炼能力、自我组织能力、自我保健能力、自主创新能力、社会适应能力、终身体育能力，从而使我们高校体育课程更加符合教育教学目标。

第五，学生导师制体育教学模式实施，不仅有助于培养和提高大学生的综合素质和综合能力，而且能够促使我们体育教师不断完善自身的知识结构、能力结构，全面提高专项技能以及教学、科研能力，使我们体育教师队伍的综合能力和素质得以进一步提升。

四、构建实施学生导师制体育教学模式的结论与建议

通过学生导师制高校体育教学模式构建和实施。第一，高校体育不再是过去以教师为中心的单一化课堂教学，而将成为大学生根据自己的能力和意愿定制自己的学习锻炼计划和方案，并按照自己学习锻炼实际情况参加相应的评价和考核的以学生为中心的弹性学制。第二，学生无论是在课堂上学习，还是参加课外锻炼、竞赛，所有学习和锻炼的过程和成绩评价，都将通过"互联网＋体育"现代化技术手段直接存入学生个人学分制账户中，学生可以随时了解和掌握自己的学习锻炼状态。第三，学生在课内外学习和锻炼之间自由切换，"教、学、管、控、评"的全过程自治，学校提供的个性而多元化锻炼资源和丰富多样的运动项目自由选择，学生与教师互动、学生与学生互动、学生与社会互动将逐渐成为常态化，从而使高校体育教育教学变得更有趣、更自由、更人性、更温暖。第四，学生学习锻炼的参与性、体验性、自主性得到全面

体现，高校体育将真正成为以育人为核心，技能传授、能力培养和人格养成三位一体的既有效地增强体质，又使学生生理、心理、人格全面健康发展的系统育人的综合性教育教学过程。

第一，目前我国教育改革发展一直存在着一个根本性的问题，那就是学校各种各样的教育力量相互割裂，无法形成系统育人的合力。因此，新时代我们高校体育应加快教育教学改革，以终身体育教育为切入点，全面贯彻落实立德树人根本任务，让体育回归育人的本质，通过中华传统体育文化、思想政治教育融入育人途径等手段，推进全员全过程全方位育人的高校体育课程体系改革，使高校体育课程成为高等教育系统育人的重要组成部分。

第二，进一步加强师资队伍建设，尽快提高体育教师的现代化教育教学能力和管理能力。同时，加大高校学生体育骨干培养培训工作力度，充分挖掘和发展学生的潜能，全面提升学生导师的教与学能力。全面推进教育体制机制改革，进一步完善高校体育工作各环节的系统教育力，使高校体育改革发展更加科学、规范、系统、长效。

第三，学校和上级相关职能部门应加大投入力度，进一步完善学校体育场地、器材、设备、师资等体育教学资源和教学条件，更好地满足学生多元化的学习和锻炼需求，为全面提高体育课的教育教学质量和效果，培养德、智、体、美、劳全面发展的社会主义建设者和接班人提供有力保障。

第五节　"互联网+"教学多元融合型大学体育教学模式

互联网的发展打破原有的生产和生活模式，在教育教学中也发挥着积极作用。而大学体育教学不但有助于学生强身健体，更能培养学生的团队意识、合作精神、坚韧意志，对学生的品格养成具有重要意义。互联网背景下，大学体育教学融合模式构建不但丰富了体育教学的内容，更是一种教学方法的创新，对教学效率提高以及学生的自我发展具有重要价值。

一、互联网背景下大学体育教学模式概述

大学体育教学中经常会遇到诸多教学问题，如教师示范不标准、教师示范动作太快、动作定型难度大等。或者部分学生难以理解教师讲授的动作要领，难以进行肌肉记忆。另外，大学体育课课堂中的上课学生较多，课上练习时间不充足，而课下练习时缺乏技术指导或搭档。这些问题都受限于大学体育课堂的传统模式，致使教学效果不明显，效率低下，也影响学生对体育学习的兴趣。

为促进大学体育教学的可持续发展，唤醒高校体育教学的新活力，高校体育教师致力于打造新型的体育教学模式，即"互联网+"教学多元融合型教学模式，这是现代科学技术与大学体育教学的新型融合模式，立足于对教学质量追求以及对体育教学人文价值追求，在高校体育教学中积极融合互联网功能，使互联网思维能够在体育教学中融会贯通，实现双重双向的一体化超越，合理展现互联网与体育教学相结合的科学性和合理性。

二、互联网背景下的大学体育教学价值分析

（一）增加教学信息的便捷性和时效性

互联网中储备着大量的数据信息，涵盖所有专业的知识内容，包含各个领域的音频、视频和文字信息，是一个巨大的数据库。随着教育改革的逐渐推进，对大学体育教学也提出更高的要求，不但要求体育教师能够将体育理论知识传授给学生，更需要结合时代发展的需求更新知识内容和教学目标，时刻了解当前的体育竞技发展形势等。也就是说，在教师传授学生基本动作要领的同时，要善于掌握知识动向，了解操作要领的革新情况，并在课堂中及时调整。此外，教师还应对当前的体育形势保持灵敏的嗅觉，并根据时代发展的变化和需求不断调整教学策略，不断满足学生的发展需求，适应社会发展的需要。高校学生目光远大、知识水平高、兴趣广泛，对新鲜事物充满好奇心，求知欲较强，面对学生的提问教师也经常存在无法解答的情况，这时即可借助互联网优势搜索相关资料。例如学生和学校的资源共享，社区和国家、学校资源的同步等。互联网的发展和普及增加了学生获取知识和解决问题的渠道，不局限于教师知识水平和信息掌握情况，极大地增加了体育教学的便利性和时效性。

（二）提升课堂教学质量，丰富教学内容

利用互联网优势构建多元化大学体育教学课堂，不但能够在课堂中为学生提供更多生动的教学视频、音频，掌握体育领域的相关信息和数据，还可以利用微课提高课堂效率。除此之外，教师可以利用互联网来调查学生数据信息，及时掌握学生对体育知识的学习情况以及体育训练开展情况，及时根据学生实际情况调整教学计划，不断激发学生的潜能，提升学生知识水平和身体素质水平。

（三）激发学生兴趣，促进学生自主学习

"互联网+"的大学体育教学模式构建能够将互联网中的丰富资源融入体育教学之中，在课堂中利用现代化的教学手段创新教学，为学生建立更加自由的环境，融入更丰富的知识，创设更加新颖的环境，使学生能够在全新的教学模式中认真听讲、积极配合，在各种交互式软件的应用中提高课堂参与的积极性。

三、构建互联网背景下大学体育教学模式的策略

（一）互联网背景下的远程教学

高等院校体育教学可以分为课内和课外两种形式，互联网发展推动了课内与课外学习模式融合。在互联网背景下，大学体育课程打破了教师与学生面对面上课的局面，可以通过互联网的虚拟环境进行联系，能够防止因突发状况无法上课的情况，并且能够避免因更换教师，或教师进修学习等因素导致的学生不适现象。为构建互联网环境下的大学体育教学新模式，促进远程教学的开展十分关键，这里认为需要做到以下两点。

第一，在课内学习设计中，教师应充分做好课前的备课准备，将课程需要的知识内容课件、教学视频等传送至互联网平台中，为学生课前预习提供良好支持，并在平台中设置浏览痕迹，以了解每个学生的预习情况。在教学实践中，因远程教学限制无法面对面沟通，教师需要利用麦克风、视频等功能建立与学生之间的联系，因此教师应调试好计算机硬件设备，保证远程教学顺利开展。此外，远程教学还应考虑场地训练的限制因素，为有效监督和检查学生体育动作训练情况，可以要求学生通过录制视频的方式来完成。比如，在羽毛球基本动作的学习和训练中，教师可以要求学生录制训练视频，发球50次，高远球50次，正反手颠球10分钟等，结束后将录制的视频发送给教师接受检查，以便于教师了解学生的训练情况，发现学生在动作要领等方面存在的不足，进而在课堂中进行集中纠正指导。

第二，在课外教学设计中，教师应鼓励学生将所学知识运用于实践之中，鼓励学生在课外开展和参与体育竞技比赛，培养学生的体育习惯和体育精神。学生完成课外作业的情况也可以采用视频打卡的方式完成，如课外运动项目、地点、时间和心率动态等。若学生与同伴开展竞技比赛，可以将赛事情况录制成视频发送至教学反馈平台以供教师检查。

（二）互联网背景下的辅助教学

在互联网教学与大学体育教学相融合的背景下，辅助学习指的是凭借互联网的优势来辅助体育课内外教学的方式，以补充体育教学的不足。"互联网+"的高校体育辅助教学，即师生面对面授课，且使用互联网增加教育教学资源，丰富教学形式，以提高教学效率和质量。在高校体育教学的辅助教学中，使用互联网技术应做到如下两点。

第一，在课内学习的设计中应充分利用互联网的丰富资源，广泛收集丰富的教学资源，并将有效的资源制作成PPT课件，以为课堂教学服务。在教学实践中，教师应

严格按照标准的教学程序进行，对基本体育理论知识进行讲解，示范体育运动的动作要领，指导学生练习技术动作，纠正学生不足，组织学生竞赛等，并在课程结尾时进行课堂活动总结。在教学环节中，互联网技术应用主要体现在知识传授环节，教师播放相应视频是学生了解基本动作要领，使学生能够在微视频讲授中清晰地掌握动作的难点和技巧，这种打破常规的教学方式更能够吸引学生的注意力，提高教学效率。此外，教师可以利用互联网来创设多元化的教学情境，在课堂教学中培养学生的团队意识、竞争意识和拼搏精神等。

第二，在课外学习环节中，教师可以通过微视频的方式辅助学生训练，比如将学生难以理解的动作技术要领制作成微视频，传送至师生交流平台，便于学生在课外学习中随时查看，以强化对运动要点的了解，辅助学生自主锻炼。此外，教师可以利用互联网资源共享的优势建立学生电子档案，记录学生每日锻炼情况，掌握学生的锻炼项目、频次、时间和心率变化等。

参考文献

[1] 张春超，徐鸿鹏，李磊. 新时期体育教学管理与课程建设 [M]. 北京：中国农业出版社，2022：7.

[2] 樊文娴，马识淳，王冬枝. 高校体育教学与大学生体育运动管理 [M]. 长春：吉林出版社，2022：6.

[3] 王智勇，刘宁，胡思博. 大学体育教学方法与管理研究 [M]. 北京：中国华侨出版社，2021：3.

[4] 吴广，冯强，冯聪主编. 高校体育管理体制与教学改革研究 [M]. 北京：研究出版社，2020：9.

[5] 李金玲. 现代体育教学改革与信息化管理 [M]. 北京：新华出版社，2020：7.

[6] 马洪涛. 体育教学管理与思维创新 [M]. 长春：吉林文史出版社，2020：4.

[7] 李金玲. 新时期体育教学管理探究与实务 [M]. 北京：新华出版社，2020：4.

[8] 当代体育教学训练与管理 [M]. 长春：吉林摄影出版社，2020：4.

[9] 高校体育教学资源优化与管理 [M]. 北京：九州出版社，2019：12.

[10] 苑莎著. 新时期体育教学管理与教学质量提高综合研究 [M]. 北京：北京工业大学出版社，2019：11.

[11] 高校体育教学模式改革及其科学管理教程 [M]. 西安：陕西旅游出版社，2019：11.

[12] 陈敏. 大学生体质健康与当代体育教学管理 [M]. 哈尔滨：哈尔滨地图出版社，2019：10.

[13] 王刚，张德斌，崔巍主编. 体育教学管理与模式创新 [M]. 延吉：延边大学出版社，2019：6.

[14] 高校体育教学与管理研究 [M]. 延吉：延边大学出版社，2019：6.

[15] 李尚华，孟杰，孟凡钧. 大学体育教学与管理实践 [M]. 长春：吉林出版集团股份有限公司，2019：5.

[16] 曾佳. 大学体育教学与管理研究 [M]. 长春：吉林出版集团股份有限公司，2019：5.

[17] 樊汶桦,董旸.高校体育教学模式改革及科学管理研究[M].长春:东北师范大学出版社,2019:1.

[18] 张学良,张岚,曲转.高校体育教学管理研究[J].当代体育科技,2018(24):89-90.

[19] 籍玉新.基于生态视角分析的高校体育教学管理研究[J].环境工程,2022(8):246-247.

[20] 李佳翼.高校体育教学管理研究[J].文摘版(教育),2015(7):159-160.

[21] 王静.关于高校体育教学管理研究[J].文体用品与科技,2013(18):91-92.

[22] 刘梦.论高校体育教学管理模式的创新研究[J].运动—休闲(大众体育),2022(14):157-159.

[23] 饶花.高校体育教学与大学生自我健康管理的研究[J].运动—休闲:大众体育,2022(2):82-84.

[24] 王美玲.追求"教学合一"的高校体育课堂教学管理研究[J].科学大众(科学教育),2021(1):142,75.

[25] 刘中革.高校体育教学管理改革与对策研究[J].山西青年,2019(20):208.

[26] 孙艳秋.体育核心素养视域下高校体育教学的管理模式研究[J].现代商贸工业,2022(10):189-191.

[27] 党犁铭.高校课外体育俱乐部教学管理研究[J].当代体育科技,2018,(27):113-114.

[28] 李冬冬.军事化管理在高校体育教学中的应用研究[J].当代体育科技,2020(16):89,91.

[29] 王佳茵.高校体育教学信息化建设与管理的实施策略研究[J].教育理论与实践,2020(6):62-64.

[30] 欧枝华.新时期高校体育教学管理问题分析与对策研究[J].读天下,2020(6):118.

[31] 李燕.体育教育生态学视角下高校体育教学的课堂管理研究[J].课程教育研究,2021(17):174-175.

[32] 宋昭颐.高校体育教学过程中的安全管理策略研究[J].当代体育,2019(24):106,110.

[33] 佟云龙.高校社会体育指导与管理专业实践教学研究[J].当代教研论丛,2019(11):28.

[34] 欧枝华.新时期高校体育教学管理与改革的创新研究[J].电子工程学院学报,2019(11):58.

[35] 于嘉, 王美鑫. 普通高校体育场馆教学训练与开放管理研究 [J]. 内蒙古教育, 2019(11): 12, 15.

[36] 孙庆. 高校体育教学风险管理研究 [J]. 现代职业教育, 2017(28): 132-133.

[37] 包卫平. 高校体育教学课内外一体化管理的研究 [J]. 包头职业技术学院学报, 2019(4): 78-80.